書山有路勤為徑

學海無崖苦作舟

文經閣

書山有路勤為徑
學海無崖苦作舟

文經閣

除了自己，沒人能宣告你的失敗

諾貝爾獎得主的人生箴言

秦漢唐◎編著

寫給未來世界菁英的人生啟蒙書

他們是時代的菁英，科學的先驅，未知領域的開拓者。
他們的至理名言，是你適應未來世界、建立成功人生的永恆指南。

前言

諾貝爾獎（Nobel Prize）是遵照瑞典化學家阿爾弗雷德．諾貝爾的遺囑所設立的獎項，旨在獎勵那些對社會做出卓越貢獻的成功人士。由於諾貝爾獎是眾多國際性科學獎項中最具權威的大獎之一，因此，無論是在該獎項設立之初還是現今，科學家、發明家以及各行業的精英們都以獲得諾貝爾獎為一生的殊榮或追求。

歷史上那些曾經獲得過諾貝爾獎的成功者常常付出了常人難以想像的努力和艱辛，也正是他們的那種精神和對人生價值的正確領悟，為我們的現代文明做出了傑出的貢獻。

現今社會處在開放的時代，各種文明、價值觀和道德觀不斷注入我們的生活中，物質供應也達到了一個豐裕的地步；人們似乎更加願意去享受這種物質文明所帶來的種種成果，從而放鬆了努力的步伐。受其影響最深的當是涉世未深的青少年。

青少年將決定國家和民族的未來。為幫助他們找到獲取人生幸福和事業成功的正確方法，我們精心選編了影響眾多諾貝爾獎得主人生價值和事業成功的觀念，在本書中來探討人生和事業這一恆久話題，以饗廣大的讀者朋友。

也許，我們每個人的人生中未必都需要得到一次諾貝爾獎，但是若我們遵循這些諾貝爾獎得主的箴言、忠告，吸取他們人生成功經驗之精華，找到從平凡到偉大的最為可行的途徑，從而跨越障礙、避開陷阱而一步步地前進，成就一番事業。下面我們就翻開書頁，開始與這些智者之間的對話吧！

·目 錄·

我絕不會失敗，除非我確信自己已經失敗了。

除了自己，沒人能宣告你的失敗

魯道夫・奧伊肯（一八四六—一九二六），德國哲學家。一九二六年生於德國東弗里西亞奧利希城一個郵局管理人家庭，自小喜歡深思人生，酷愛讀書。一八六三年入格丁根大學，主要興趣是古代哲學和歷史，特別喜歡亞里斯多德。畢業後，曾任中學教員。一八七一年任瑞士巴塞爾大學教授，一八七四年起任德國耶拿大學教授，直至一九二〇年退休。四十多年中，每天黎明前他都會在河邊林間空地講學，深受學生歡迎。其間，曾以交換學者身分赴美國哈佛大學講學。

奧伊肯把自己的哲學稱為「精神生活哲學」，在哲學史上屬於生命哲學的一類，與狄爾泰、柏格森等並列。他認為哲學不應以抽象的概念為中心，而應該以活生生的生命或生活為中心。他的作品文字曉暢易懂，毫無康德、黑格爾式文體的晦澀，洋溢著「為天地立心，為生民立命」的熱情。

一九〇八年，由於「他對真理的熱切追求、他對思想的貫通能力、他廣闊的觀察，以及他在無數作品中，辯解並闡釋一種理想主義的人生哲學時，所流露的熱誠與力量」，被授予諾貝爾文學獎，獲獎作品為《精神生活漫筆》，奧伊肯是第二位非文學家的該獎得主。

魯道夫．奧伊肯曾說：「人生與其說是外在的克服，不如說是內在的前進；與其說是目的的完全達成，不如說是力的覺醒與動力。」

穆罕默德．阿里（一九四二），美國職業拳擊運動員，曾被《體育畫報》雜誌評為二十世紀最佳運動員，其「拳王」之譽名滿全球。

在阿里的人生信條中，一直支撐他取得勝利的是這樣一句話：「我絕不會失敗，除非我確信自己已經失敗了。」

在無數的拳擊比賽中，阿里始終把自己看作是最強大的，他一直信奉這樣一句話：只要自己相信自己會勝利，那麼，就沒有人能擊敗我。這種信念，在他十二歲的時候就已經形成。在阿里的自述中有這樣一段話：

我在十二歲時就知道我將成為最出色的拳擊手。在我的每一場業餘拳擊比賽中，我總是機動防守、猛擊對方並最後獲勝。我拍著胸脯，吹噓自己多麼出色，我一直都知道，我就是知道，我比戈爾熱．喬治（美國職業摔角運動員，將摔角與表演相結合，成功獲得票房佳績）可愛得多。我還知道，我能比他賣出更多的票。

我並不孤獨，很多同學都參加學校拳擊訓練，我們總是談論成為下屆拳擊冠軍。有一位教師認為我是個說大話的人。她看不起我們，根本不相信我們的潛力。有一天，我們正在走廊裡比畫著拳擊姿勢，她走過來，眼睛直盯著我說：「你永遠不會有出息的。」

十七歲的時候，我在路易斯維爾戴上了金手套（意指獲得該次比賽的冠軍）。第二年，我在一九六〇年羅馬奧運會上奪得金牌。我成了全世界最出色的拳擊手！回家後我做的第一件事就是走進那位教師上課的教室。我問她：「還記得你說我永遠不會有出息的話嗎？」

她看著我，一副吃驚的樣子。

「我是世界上最出色的拳擊手。」我一邊說一邊抓著繫金牌的綢帶在她面前晃動，「我是世界上最出色的拳擊手。」說完我把金牌放進口袋，然後頭也不回地走出那間教室。那個懷疑我潛力的教師，使我發誓要成為最出色的拳擊手，而且我在十二歲時就知道我會成為最出色的拳擊手。

「始終堅信自己會勝利」，正是有了這一最有力、最根本的人生信條的支撐，拳王阿里才走向了一個又一個的勝利。

阿里曾經說：「我絕不會失敗，除非我確信自己已經失敗了。我知道，一直知道，我絕沒有輸給別人。當我的時刻到來之時，我一定會奮起迎戰，並且擊敗對手。」

其實，人生何嘗不是如此呢？在每個人的一生中都會出現無數個對手，他們會用各種方式向你挑戰。但是影響最終結果的關鍵，往往存在於自己的心裡、自己的內心深處。

沒有什麼是命中注定的

喬治．蕭伯納（一八五六—一九五〇），英國傑出的現實主義戲劇作家，世界著名的擅長幽默與諷刺的語言大師，有「二十世紀的莫里哀」之美稱。

蕭伯納劇作最突出的特點是緊密結合現實政治鬥爭，敢於觸及資本主義社會最本質的問題，把剝削階級的醜惡嘴臉暴露在公眾面前；在藝術手法上，善於透過人物對話和思想感情交鋒來表現性格衝突和主題思想；語言上，尖銳潑辣，充滿機智，妙語警句脫口而出。主要作品有《鰥夫的房產》《華倫夫人的職業》《武器與人》《蘋果車》等。

一九二五年，「由於他那些充滿理想主義及人情味的作品——它們那種激動性諷刺常蘊涵著一種高度的詩意美」，蕭伯納獲得了該年度諾貝爾文學獎，獲獎作品為劇本《聖女貞德》。

一八五六年七月二十六日，蕭伯納出生於愛爾蘭首都都柏林的一個小公務員家裡。父親是個沒落貴族，且一事無成，既懶惰又嗜酒；母親出身於高貴的鄉紳世家，從小受過嚴格的上等教育。蕭伯納出生時，家庭環境已經很惡劣，他的童年、青年時代充滿了不幸。

但蕭伯納沒有屈服於這種惡劣的環境。他十五歲便開始獨自謀生，工作之餘在美術館、博物館如飢似渴地填充自己富有想像力的頭腦，這種鍥而不捨的精神與很多人聽天由命的宿命論比較起來，是多麼的難能可貴。

大象是世界上最強壯的動物之一，當一頭年輕的野生大象被抓住後，獵手們會用金屬圈套住牠的腿，把牠用鏈子捆到附近的榕樹上。自然，大象會一次又一次地試圖掙脫，但無論牠做出多麼巨大的努力，牠還是無法成功，因為金屬圈實在是太結實了。幾天的苦苦掙扎甚至把自己弄得傷痕累累後，牠意識到自己的努力是徒勞的，最後放棄了。從此刻起，大象再也沒有試圖掙脫過，即使是別人只用了一條小繩和木樁。

研究者發現，在一種被稱為梭魚的魚類中也存在思維僵化的傾向。通常情況下，梭魚會就近攻擊在牠範圍內游泳的鰷魚。在一次實驗中，研究者們把一個裝有幾條鰷魚的無底玻璃鐘罐放入有一條梭魚的水箱中。這條梭魚立刻向罐子裡的鰷魚發動攻擊，結果敏感的鼻子狠狠地撞到了玻璃壁上。幾次慘痛的嘗試之後，梭魚最終放棄，並完全忽視了鰷魚的存在。鐘罐被拿走後，鰷魚們可以自由自在地在水中四處游動，但即便是當牠們游過梭魚鼻子底下的時候，梭魚也會繼續忽視牠們。就因為這樣一個建立在錯誤信念基礎之上的死結，這條梭魚會無視周圍豐富的食物而把自己餓死。

這兩個實驗是否會給您某些啟示呢？如果人類也像其中的大象和梭魚一樣被安排進命運的困境中，肯定會有一些人在不能夠掙脫的時候，會選擇順從和視而不見。一位教授曾說過，所謂的「思維定式」其實就是自己為自己下套，當人們鑽進了禁錮自己的思維定式後，人類的思想就再也無法自由了。

很多人走不出思維定式，所以他們走不出宿命般的可悲結局；而一旦走出了思維定式，也許可以看到許多別樣的人生風景，甚至可以創造新的奇蹟。例如，從舞劍可以悟到書法之道，從飛鳥的飛翔可以造出飛機，從蝙蝠可以聯想到電波，從蘋果落地可以悟出萬有引力……常爬山的應該去涉水，常跳高的應該去打打球，常划船的應該去駕駕車，常當官的應該去為民。換個位置，換個角度，換個思路，也許我們面前將是一番明朗天地。

絕不把希望寄託在別人身上

符瓦迪斯瓦夫・萊蒙特（一八六八—一九二五），波蘭作家，出生於彼特科夫，父親是教堂風琴師。十九世紀八〇年代末，萊蒙特開始創作。早期的短篇小說《母狗》（一八九二）、《湯美克・巴朗》（一八九三）、《正義》（一八九九）等反映了城鄉勞動人民的苦難生活和反抗。長篇小說《女喜劇演員》（一八九六）及其續篇《煩惱》（一八九七）以流浪藝人生活為題材，表現了正直而又有才華的藝術家的理想。長篇小說《福地》（一八九七—一八九八）以羅茲的工業發展為題材，深刻地反映了勞資關係，由於這部作品的成功，他被稱為「波蘭的左拉」。

一八九九—一九〇八年，萊蒙特用十年時間創作了四卷長篇小說《農民》，包括《秋》《冬》《春》《夏》。小說反映了一九〇五年革命前後，沙俄佔領下的波蘭的農村狀況。這部規模宏大的現實主義巨著被認為是波蘭農村的百科全書，為作家贏得了世界性聲譽。

一九二四年，「由於他偉大的民族史詩式的作品《農民》」，萊蒙特獲得了諾貝爾文學獎。

由於家境貧寒，萊蒙特中學沒畢業就輟學了。他在十八歲時離開了家鄉，流浪於華沙等地，當過裁縫、小販、鐵路職員，還在工廠做過各種雜活，甚至還做過流浪藝人、寫生畫家和修道士。這樣的經歷使萊蒙特深深明白：在與人生境遇爭鬥的過程中，不要把希望寄託在別人身上，只有自己才能拯救自己。他說：「世界屬於強有力的人，屬於大無畏的人，屬於不屈不撓的人。」

生活是不公平的，因為我們至今還沒有看到一個完全公平的社會制度。在不斷的生活考驗中，每一個人都會陷入成功與失敗的漩渦中，在不斷的掙扎與抗爭中，成功者選擇自己拯救自己，失敗者相信神會眷顧自己。當這個信念與現實不符時，最終失敗者就會迷失自己的人生方向。

某人在屋簷下躲雨，看見觀音正撐傘走過。這人說：「觀音菩薩，普度一下眾生吧！帶我一段如何？」觀音說：「我在雨裡，你在簷下，而簷下無雨，你不需要我度。」這人立刻跳出簷下，站在雨中：「現在我也在雨中了，該度我了吧？」觀音說：「你在雨中，我也在雨中，我不被淋，因為有傘；你被雨淋，因為無傘。所以不是我度自己，而是傘度我。你要想度，不必找我，請自找傘去！」說完便走了！

第二天，這人遇到了難事，便去寺廟裡求觀音。走進廟裡，才發現觀音的像前也有一個人在拜，那個人長得跟觀音一模一樣，絲毫不差。這人問：「你是觀音嗎？」那人答道：

「我正是觀音。」這人又問：「那你為何還拜自己？」觀音笑道：「我也遇到了難事，但我知道，求人不如求己。」

是的，在不斷地與生活進行抗爭時，只有自己才能拯救自己。只要有一絲抗爭的勇氣，就有一絲成功的希望。自人類出現以來，我們就不斷地在與大自然進行著爭鬥，與其說是適者生存，還不如說是在這場爭鬥中，勝利的是人類。

在崎嶇的生活之路上，我們需要不斷地與環境爭鬥。其實，敵人實力是否強大並不是決定勝負的關鍵因素，關鍵在於你是否已經從心底否定了自己，要是這樣，再有利的環境也不會造就一個成功者。

實際上，戰勝困難要比打敗自己相對容易，所以有人說：「我」是自己最大的敵人。戰勝自己靠的是信心，人有了信心就會產生力量。

人與人之間、弱者與強者之間、成功與失敗之間最大的差異就在於意志力的差異。人一旦有了意志的力量，就能戰勝自身的各種弱點。

命運的種子將由自己種下

尼古拉斯·布洛姆伯根，荷蘭裔美國物理學家，一九二〇年生於荷蘭。曾先後就讀於烏德勒支大學和萊頓大學。一九四七—一九四九年在萊頓大學任研究員，一九四八年獲得博士學位。因其對非線性光譜學的發展奠定了理論基礎，以及對發展雷射光譜學和高解析度電子光譜學做出了傑出貢獻，一九八一年獲得諾貝爾物理學獎。

尼古拉斯·布洛姆伯根在給年輕人的寄語中這樣寫道：

「我父母總是鼓勵我們兄妹六人努力學習。在學校時，我發現物理是最難學的。但我喜歡向它挑戰，喜歡用有限的概念和數學公式去描述觀察到的事物。十四歲時，我閱讀了諾貝爾物理和化學獎得主瑪麗·居禮的傳記，這本書是由她的女兒伊芙·居禮寫的，寫得很好，非常吸引人。

「在第二次世界大戰期間，我的祖國荷蘭被法西斯佔領，即使在那樣艱難的歲月裡，我也盡我所能堅持學習物理。那時我從未期望過我會在二十世紀後半葉獲得這麼多的榮譽。

「我的建議是你們自己要定一個目標，並且要堅持盡你的最大努力去實現它。記住：投入到科學當中是充滿樂趣的，即使你不能贏得諾貝爾獎。」

聽從尼古拉斯．布洛姆伯根的建議吧！人生中的許多災難和意外，都是我們意志所種下的種子經過一段時間的醞釀而形成的。而決定命運的種子，就是每個人的決定。

命運的主動權往往掌握在我們自己手裡，因此即使是一些微不足道的小決定，也會導致嚴重的後果；而一些小決定累積起來，也會影響大決定的失敗。

人們在生活中常常會遇到一些這樣或那樣「幸」與「不幸」的遭遇，要接觸各種各樣的機緣，要經歷種種的坎坷與風雨，這些都是人在自己人生航線上所必不可少的風景。

如果一個人天生就生活在一個優越而又無憂無慮的家庭，他的未來早已被他的家人安排、設計好了，而且家人還為他的人生鋪好了一條陽光般的道路讓他能夠順順利利地去走。可以說他的人生根本不需要自己操心，不需要自己去闖，更不需要自己的翅膀來承擔生活的重擔。但這樣一個所謂「含著金湯匙」出生的人，他能體會到人生的滋味嗎？他能找到人世間真正的幸福嗎？人生真正的幸福莫過於用自己的力量取得成功所換來的喜悅。

人生的禍福讓人難以預料。假若有一天，他必須獨自面對這個社會，面對自己的人生，他恐怕將無法承載生活給予他的沉重壓力，而只能苦苦地在人生歲月的河流中掙扎，然後死亡。

不要幻想生活總是那麼圓滿，也不要幻想在生活四季中享受所有的春天，每個人的一生都注定要跋涉溝溝坎坎，品嘗苦澀與無奈，經歷挫折與失意。

生活中的不幸是不可避免的，而這些不幸早晚也都會過去的，時間會沖淡痛苦的感覺。把「這沒有什麼了不起的」這句話在心中重複幾次吧！絕不能因為不幸的打擊，就變得憔悴萬分，而應振作起來，做你自己應該做的事情。

贏就贏在好習慣

丁肇中（一九三六—），一九三六年一月二十七日出生，美國實驗物理學家。美籍華人，祖籍山東省日照市，現任美國麻省理工學院教授。一九七六年，因發現一種新的基本粒子——「J粒子」，而獲該年度諾貝爾物理學獎。

從小，丁肇中就養成了善於思考、勇於質疑的好習慣。在中小學的課堂上，他常常是頭一個要求回答和提出問題的學生。為了得到正確的答案，他常常要和同學們爭論得面紅耳赤，直到真正辯明是非才肯甘休。遇到疑難問題，便找遍書本，務必得到答案才肯甘休。

有一次物理老師出了一道思考題，很多同學想了想覺得很難就放棄了，等著老師講解。丁肇中不是這樣，他吃飯想、走路想，別的同學都出去活動了，只有他還對著那道題苦苦思索，一個小時過去了，兩個小時過去了……終於想到了解決問題的方法後，他馬上跑到圖書館查找資料驗證自己的方法是否正確，直到確認自己的解題方法沒有錯誤，他才滿意地離去。

在這裡我們可以看到培養良好的習慣對塑造高尚品格的巨大作用。據說，人就是習慣的集合體，而習慣是人的第二天性。梅塔斯塔齊奧（一六九八—一七八二，義大利劇作家）堅定地認為行為和思想的不斷重複能產生巨大的力

丁肇中博士

量。他說：「人類的全部都是習慣，它甚至就是品行本身。」塞繆爾・巴特勒（一八三五—一九〇二，英國作家）強調了自我約束和抵制誘惑的重要性，認為養成良好的習慣，就容易驅惡揚善。他說：「因為屬於身體的習慣是由外部行動所產生的，而屬於精神的習慣是由內在的目標所產生的。要把精神的習慣轉化為服從、真誠、公正和仁義的行動。」

班傑明・布魯姆（一九一三—一九九九，美國教育心理學家）也強調修練和榜樣對青年人的作用。他說：「我相信任何事情都可以成為習慣。在任何時代，立法者和學校校長都信賴於它。習慣使得一切事情變得容易起來，而偏離了習慣就會遇到困難。」因此，讓有節制地喝酒成為一種習慣，酗酒就讓人非常討厭；使節儉成為一種習慣，那麼浪費就違背了人們

的行為準則。因此，我們有必要保持高度警惕以防養成任何不好的習慣，因為品格總是在最薄弱的環節垮掉，一旦垮掉了再想彌補就難上加難了。一位俄國作家說得好：「習慣就是一串珍珠，解開一個結，整個就散落了。」

習慣一旦形成，它就會自然而然地發生作用，而無須你的主觀努力。只有當你想去除習慣的時候，你才會發現它是多麼有力。一旦有了一次、兩次的實踐，你就會發現它成了自然而然的事情。習慣開始的時候似乎不會比一張蜘蛛網更有力，而一旦形成，它就成了一條鐵鏈。生活中的小事，單獨來看，也許非常不起眼，這就像靜靜飄落的雪花，一片一片的輕若無物，然而，這些雪花積累起來就可能會形成雪崩。

自尊、自助、勤奮、正直，都是一種習慣，而不是信仰。實際上，道義是我們給習慣取的名字，因為道義是語言，而習慣卻是行動本身，是慈善家還是獨裁者，要看它們是善良還是邪惡。因此，等我們年老的時候，我們隨心所欲就成了習慣，我們的行動都順其自然，我們會被束縛在自己編織的鏈條中。

實際上，無論怎樣強調年輕人培養良好習慣的作用都不為過。人在年輕的時候，習慣最容易養成，而且一旦形成，就將持續一生。在樹皮上刻寫的字母，會隨著樹木的成長而變大。「培養一個孩子走該走的道路，到老年他也不會偏離。」起點決定著結束，人生道路的起步決定了整個旅途的方向和命運。

柯林伍德勳爵（一八八九—一九四三，英國哲學家）對一個他喜愛的年輕人說：「記住，在你二十五歲之前你必須培養一種讓你終生受益的品格。」隨著年齡的增長，習慣越來越頑固，性格也趨於穩定，想有什麼轉變就越來越困難了。因此，放棄一種習慣比學習一種習慣要困難得多。

根除一種習慣有時是非常痛苦的事情，比拔掉一顆蛀牙更困難。要想去改變一個懶漢、賭徒或酒鬼，在多數情況下你會失敗。因為對每一種人而言，他們也許都試圖克服過這種習慣，但這些習慣最終還是成了自己生活不可分割的一部分，難以根除。因此，林克先生指出：「最好的習慣就是養成注意培養良好習慣的習慣。」

甚至幸福本身也可以成為習慣。有的人習慣於只看到光明的一面，也有人習慣於只看到陰暗的一面。詹森博士指出，對一個人而言，看到事物光明面的習慣比每年收入一千英鎊更有價值。從某種程度上講，我們有義務強迫自己去思考能給我們帶來幸福的光明的事物，而不是相反的東西。只有透過這種方式，樂觀思考的習慣才能順利養成。在很多情況下，培養孩子快樂的天性、溫和的性情和樂觀的態度，或許比教他們若干科學知識更有意義。

正直
誠實中蘊涵無窮力量

尼爾斯．亨利克．大衛．玻爾（一八八五—一九六二），丹麥物理學家，哥本哈根學派的創始人。一八八五年十月七日生於哥本哈根，一九〇三年入哥本哈根大學數學和自然科學系，主修物理學。一九〇七年獲丹麥皇家科學文學院金質獎章，一九〇九年、一九一一年又分獲哥本哈根大學的科學碩士和哲學博士學位。隨後去英國，先後在劍橋的卡文迪許實驗室和曼徹斯特大學學習，並和歐尼斯特．盧瑟福建立了長期的密切關係。一九一三年任曼徹斯特大學物理學助教，一九一六年任哥本哈根大學物理學教授，一九一七年當選為丹麥皇家科學院院士。一九二〇年創建哥本哈根理論物理研究所，任所長。

一九二二年，因為在原子結構以及原子輻射研究方面的傑出貢獻，玻爾榮獲諾貝爾物理學獎。

一九二三年玻爾接受英國曼徹斯特大學和劍橋大學名譽博士學位。一九三九年任丹麥皇家科學院院長。第二次世界大戰開始後，為躲避納粹的迫害，他逃往瑞典。一九四四年在美國參加了和原子彈有關的理論研究。一九四七年受封丹麥政府的「騎象勳爵」。一九五二年倡議建立歐洲原子核研究中心，並自任主席。一九五五年參加創建北歐理論原子物理學研究所，擔任管委會主任。同年丹麥成立原子能委員會，玻爾被任命為主席。

一九〇五年，玻爾開始他的科學生涯，並且一生從事科學研究，達五十七年之久。他的研究工作開始於原子結構未知的年代，結束於原子科學已趨成熟，原子核子物理已經得到廣泛應用的時代。他對原子科學的貢獻使他毫無疑問地成為二十世紀上半葉與愛因斯坦並駕齊驅的、最偉大的物理學家之一。

玻爾的成就是偉大的，但他始終保持著自己的正直和良心。玻爾成名後依然和青年們朝夕相處，平等待人，從不擺「權威」架子，因此深受學生擁戴和尊敬。有時他的想法受到學生們的反駁，他聽說後非常高興，如確實是自己錯了就立刻改正。他虛懷若谷，總是說自己的數學知識比有的學生還差，說自己不善於表達。玻爾越謙虛、越有自知之明，得到的學生的熱愛和讚揚就越多。當有人問玻爾，他何以吸引這麼多傑出的青年物理學家聚集在自己身邊時，玻爾回答說：「我只是不怕在年輕人面前暴露自己的愚蠢。」

玻爾認為：行動的誠實和語言的誠實都是高尚品格的必要條件，一個人必須表裡如一。

一個美國紳士因為對格蘭威爾·夏普很崇拜，於是就給自己的兒子也取名為夏普。格蘭威爾·夏普得知後對那位紳士說：「我懇請你教給你兒子一條家訓——一定努力做到表裡如一。這個家訓是我父親教給我的，他也一直認真地遵循著。他是一個誠實的普通人，誠實也成了他的品格特徵，無論在公共場合還是在個人生活中。」每一個自尊和尊重他人的人，都會在行動中嚴格遵循這一格言，做他心中想做的事情，在自己的工作中體現出高尚的品格，一絲不苟，以自己的正直和良心為驕傲。有一次，克倫威爾（英國政治家、軍事家）對一個叫伯納德的聰明而審慎的律師說：「我知道你最近非常謹慎，但不要過於相信這個東西。謹小慎微可能會欺騙你，而正直誠實卻不會。」那些言行不一的人不會得到別人的尊重，他們的言語也沒有分量。即使是事實，一旦由他們的嘴裡說出來，也都成了謊言。

正直的品性總是為真正的睿智者和成功者所推崇。正直是什麼？美國成功學研究專家戈森認為，在英語中「正直」一詞的基本意義指的是完整。在數學中，整數的概念表示一個數字不能被分開。同樣，一個正直的人也不會把自己分成兩半，他不會心口不一，想一套，說一套——因為實際上他不可能撤謊；他也不會表裡不一，信一套，做一套——這樣他才不會違背自己的原則。我們堅信，正是由於沒有內心的矛盾，才給了一個人額外的精力和清晰的頭腦，使我們獲得成功。

正直意味著高標準地要求自己。許多年前，一位作家在一次失敗的投資中，損失了一大筆財產，瀕臨破產。他打算用他所賺取的每一分錢來還債。三年後，他仍在為此目標而不懈地努力。為了幫助他，一家報紙願為他舉辦一次募捐，這的確是個誘惑，因為有了這筆捐款，意味著他將結束這折磨人的負債生涯。

然而，作家拒絕了。幾個月之後，隨著他的一本轟動一時的新書問世，他償還了所有剩餘的債務。這位作家就是馬克·吐溫。

正直意味著有高度的榮譽感。榮譽不是聲譽。

偉大的弗蘭克·萊特（美國著名的建築師）曾經對美國建築學院的師生們說：「這種榮譽感指的是什麼呢？那好，什麼是一塊磚頭的榮譽感呢？那就是一塊實實在在的磚頭；什麼是一塊板材的榮譽感呢？那就是一塊地地道道的板材；什麼是人的榮譽感呢？那就是要做一個真正的人。」弗蘭克·萊特恰恰如此，他不愧為一個忠實於自己做人標準的人。

正直使人具備冒險的勇氣和力量，正直的人歡迎生活的挑戰，絕不會苟且偷安，畏縮不前。一個正直的人是充滿自信的。

正直經常表現為堅持不懈、一心一意地追求自己的目標，拒絕放棄努力和堅韌不拔的精神。「我們絕不屈從！絕不，絕不，絕不，絕不。無論事物的大小巨細，永遠不要屈從，除非屈從於對榮譽和良知的信念。」溫斯頓．邱吉爾是這樣說，也是這樣做的。

正直的人都是堅忍的，他們似乎有一種內在的平靜，使他們能夠經受住挫折甚至是不公平的待遇。

在一八五八年參加參議院競選活動時，林肯的朋友警告他不要發表演講。但是林肯答道：「如果命中注定我會因為這次講話而落選的話，那麼就讓我伴隨著真理落選吧！」他是坦然的。他確實落選了，但是兩年之後，他就任了美國的總統。

正直還會給一個人帶來許多好處：友誼、信任、欽佩和尊重。人類之所以充滿希望，其原因之一就在於人們似乎對正直具有一種近於本能的識別能力——而且是不可抗拒地被吸引。

怎樣才能做一個正直的人呢？第一步就是要鍛鍊自己在小事上做到完全誠實。即使當我們不便於講真話的時候，也不要編造小小的謊言，不要去重複那些不真實的流言蜚語，不要把個人的費用記到公司的帳上等。

這些事聽起來可能是微不足道的，但是當你真正在尋求正直並且開始發現它的時候，它本身所具有的力量就會令人折服。最終，我們會明白，任何一件有價值的事，都包含有它自身不容違背的正直的內涵。

這就是萬無一失的成功秘訣嗎？是的。它之所以是百靈百驗的，正是因為它與人的聲望、金錢、權力以及任何世俗的衡量標準毫不相干。如果我們追求它並且發現了它的真諦，我們就一定能成為一個成功者。

用品德去獲得你應得的尊重

馬丁．杜．加爾（一八八一——一九五八），法國小說家、劇作家。馬丁．杜．加爾生於巴黎一個天主教家庭裡。杜．加爾少年時代就酷愛文學，曾在巴黎文法學院就讀，畢業後任職於巴黎國家古文字庫。在工作中他結識了羅曼．羅蘭與紀德，在他們的指導下開始創作小說，並於一九〇八年出版處女作《成功》，因而一舉成名。

「由於他的長篇小說《蒂伯一家》所表現的強而有力的藝術性和真實性——透過這些，他描繪了人性的衝突，以及當代生活的若干基本層面」，杜．加爾獲得了一九三七年的諾貝爾文學獎。

馬丁．杜．加爾在給青年人的人生準則中提到：用品德去獲得你應得的尊重。

的確如此，任何階層、任何地位的人都可以有美好的心靈和高尚的品德，都可以表現出人性中最高貴的一面。無論是機械工人、牧師還是貴族都可以做到這一點。在任何環境下，人都不應該粗魯無禮。

高貴的心靈既可以存在於穿著名貴大衣的貴族身上，也可以存在於穿著粗布衣服的農民身上。

名詩人羅伯特．彭斯有一次跟一個名叫愛丁堡的年輕人一起走在大街上，見到彭斯和一個農民打招呼，同伴非常驚訝。彭斯激動地說：「你用不著驚訝，我不是在和大衣、圓帽、緊身褲和鞋子說話，而是在和裡面的人說話。先生，這個人的實際價值，有一天會超過你和我，甚至十倍於你我的價值。」那些只認衣服不認人的庸俗之輩是看不到一個衣著普通之人的內在心靈的，但對一個品德高尚的人而言，他卻總能看到靈魂的閃光之處。

財富和地位與真正的紳士品德沒有任何必然的聯繫。窮人也可以成為一個真正的紳士——在精神上或在日常生活中。他可以是誠實正直的、彬彬有禮的、溫文爾雅的、自尊自愛的、自立自強的——這就是真正的紳士品德。精神豐富的窮人無論從哪方面講都比一個精神貧乏的富人強。借用聖．保羅的話說，前者是「一無所有，但無所不有」；而後者雖然無所不有，但其實一無所有。前者充滿希望，無所畏懼；後者無所希望，杞人憂天。只有精神上的窮人才是真正的窮人。那些失去了一切的人，只要他還有勇氣、快樂、希望和自尊，他就仍然是富有的。因為這樣的人會受到世界的信賴，他的精神主宰他的一切，他可以挺起胸膛，他是一個真正的紳士。

品德的高尚與否從來與地位無關，這裡有一個古老但卻很有意義的故事。有一次，埃迪加河水突然暴漲，河水漫過了兩岸，維羅納大橋也被沖垮了，只留下中心的橋拱。橋拱上有一幢房子，房子裡的居民向窗外呼救，眼看房基就要倒塌了。站在河岸上的斯波爾維里尼伯爵對周圍的人說：「誰願意冒險去救那些可憐的人，我就給他一百個法國路易。」一個農民青年從人群裡走出來，攬過一條小船，把它推入激流。他把這一家人接上小船，向岸邊划去，並把他們安全地送上了岸。

「這是你的錢，勇敢的年輕人。」伯爵說。而年輕人回答說：「不，我不出賣我的性命。把錢給這可憐的一家人吧，他們需要。」這才是真正的紳士精神。

富蘭克林指出：「品格，是人生的桂冠和榮耀。它是一個人最高貴的財產，它構成了人的地位和身分本身，它是一個人在信譽方面的全部財產。它比財富更具威力，它使所有的榮譽都毫無偏見地得到保障。一個人的品格比其他任何東西都更顯著地影響別人對他的信任和尊敬。」

誠實、正直和仁慈，這些品質並不與每個人的生命息息相關，但它卻成為了一個人品德最重要的方面。正如一位古人所說的：「即使缺衣少食，品德也先天地忠實於自己的德行。」具有這種品質的人，一旦和堅定的目標融為一體，那麼他的力量就可驚天動地，勢不可當。

思路決定出路

巴甫洛夫．伊凡．彼德羅維奇（一八四九—一九三六），俄國生理學家、心理學家、醫師、高級神經活動學說的創始人，高級神經活動生理學的奠基人，條件反射理論的建構者，也是傳統心理學領域之外而對心理學發展影響最大的人物之一。

一八四九年九月二十六日，巴甫洛夫出生在俄國中部的小城梁贊，父親是位鄉村牧師，母親是一位牧師的女兒，有時在富人家做女傭以貼補家用。巴甫洛夫是父母五個子女中的長子，自幼學習勤奮，興趣廣泛，並養成了負責的個性。一八七〇年進入聖彼得堡大學學習動物生理學，一八七五年轉入軍事醫學院學習，一八七八年起，重點研究血液循環、神經系統作用以及人體消化系統等問題。一八八三年獲醫學博士學位。

一九〇四年，因為在神經生理學方面提出了著名的條件反射和信息學說，巴甫洛夫獲得了該年度諾貝爾生理學或醫學獎。

巴甫洛夫在其科研工作中保持著一如既往的恆心，他曾經為了觀察狗的消化系統是怎樣工作的而決定採用一種全新而冒險的實驗方法：在狗的胃部開一個醫學上稱之為瘺管的小孔。這個設想剛剛提出就遭到了許多學者的反對，但巴甫洛夫仍充滿信心。

在開始實驗時，手術確實很不成功，狗死了三十多隻。這時候風言風語更多了，連原來支持他的人也開始對他信心不足。

「或許他們是對的吧！」巴甫洛夫暗自思忖道，「可能全是白費時間，說不定真的不能開這麼個小窗子呢！不，絕不能氣餒！越是在困難的時候，越要有必勝的信心！」於是他著手仔細分析失敗的原因，總結經驗教訓。不久，奇蹟終於出現了：一隻裝著瘺管的小黑狗活下來了——實驗成功了。

人們總是讚美成功，但在走向成功的過程中卻有著千萬個挫折，當你遇到這些挫折時，能像巴甫洛夫那樣無畏嗎？

思路決定出路。你的成長思路的關鍵在於，尋找一條正確快捷的成長路徑，然後腳踏實地地去走。

以下是從《成功一定有方法》一書中摘錄下來的幾則成功人士的個人成長路徑。

案例一：由一名普通的中學老師，八年後成為年薪百萬元的「打工皇帝」。

成功路徑：中學老師→辭職到大都市打工→成為一家知名企業的頂尖銷售員→跳槽成

為另一家大公司的銷售員→銷售主管→區域經理→銷售部經理（率部門創下十億元年銷售業績）→一家大公司銷售公司總經理（被獵頭公司推薦，年薪百萬元以上）。

案例二：從推銷員到與小布希同台演講、合影留念。

成功路徑：跨國公司直銷員→鑽石級以上的直銷高手→作為演講嘉賓獲邀到美國參加年會→與小布希握手並合影留念（小布希亦受邀演講）。

案例三：從普通的戲劇演員到各大電視臺常客。

成功路徑：普通戲劇演員→國內金氏紀錄保持者（專攻一項絕技稱「中華一絕」）→各大電視臺常客（經常隨領導人出訪）。

案例四：從失業者到大型外企高級職員。

成功路徑：失業→速食店鐘點工→外企職員（自學考取大專文憑，因外形條件不佳等原因持續失業達一年半，經朋友介紹進外企工作）→外企主管（努力工作獲上司賞識，上司高升，追隨其一路晉升。上司被獵頭公司高薪獵走，半年後上司將其推薦給另一大型外企擔任主管）→公司高級主管。

案例五：從囚犯到監獄嘉賓。

成功路徑：死緩囚犯（八〇年代因貪污被判刑）→減刑囚犯（獄中表現積極一再減刑）→罪犯自我改造專家（大量閱讀、寫作，撰寫罪犯管理論文，受到重視，十年後出獄）→演說家（受司法部有關主管接見，並結識大量高層人士，到各地監獄巡迴演講現身說法，教導犯人如何改過自新、追求成功）↓暢銷書作家。

從以上案例不難看出一個個成功人士的成長歷程。無論是從現在開始規劃未來，還是按未來更新設計現在，我們都要為自己整理出一條清晰的發展思路和快捷而明確的個人成長路徑。

思路決定出路。要尋找出路，就要先在大腦裡理清思路。

有了好的思路，就能夠在迷霧中看清目標。世上沒有不轉彎的路，人的思路也一樣，它需要依據不同的境況和時代不斷地進行轉換。善於變換思路，不固守舊框架，不封閉新出路，才會在生活上、事業上有好的前程。不要在迷惑與困惑中灰心喪氣，學會轉彎思路，你就一定能找到出路。

一家建築公司的經理忽然收到一份購買兩隻小白鼠的帳單，不由心中生奇，於是把那個購買者——某位員工叫來，問他買兩隻小白鼠的原因。

那位員工回答道：「上次我們裝修的那所舊房子要重新安裝電線，需要穿過一根10公尺長、直徑2.5公分的管道，那條管道砌在磚牆裡並且有四個彎道。我們起初怎麼也想不出如何讓電線穿過去，後來我想到用小白鼠來幫忙。

「我買來一公一母兩隻小白鼠，把電線與一根細線連在一起，然後把細線綁在公鼠身上並把牠放到管子的一端。另一個人把母鼠放在管子的另一端，並故意逗得牠吱吱叫。聽到母鼠的叫聲，公鼠便沿著管子跑去救牠，電線也就在公鼠的牽引下穿過了整個管道。」

電線和繞著彎的管道間的難題，就這樣在那位員工「繞著彎」的思維下輕而易舉地解決了。不難想像，「繞著彎」而來的還有他那可以預見的事業坦途。

現實中常有很多人抱怨人生的路越走越窄，看不到成功的希望，卻不去思考自己因循守舊、不思改變的習慣，而是在老路上打轉，即使最終走上死路仍不自知。

土魠魚是生活在深海中的一種很漂亮的魚類，銀膚燕尾大眼睛，牠們總是在春夏之交時溯流產卵，隨著海潮漂游到淺海。你知道漁人怎麼捕捉土魠魚嗎？方法非常簡單——用一個孔目粗疏的竹簾，下端繫上鐵墜，放入水中，由兩艘小艇拖著攔截魚群。

你一定會懷疑，這樣也能捕到魚？但一個不爭的事實卻是，漁民們每次都能用這簡陋的方法拖回整船的土魠魚，這是怎麼回事呢？

原來，土魠魚有著很強的「個性」，不會轉彎，即使闖入羅網之中也不思後退。所以，我們經常可以看到一幕幕這種「壯觀」的景象：一隻隻土魠魚爭先恐後地鑽入竹簾中，簾孔隨之緊縮。但簾孔越緊，土魠魚反而越拚命往前游，結果是紛紛被牢牢卡死，成為漁人的簍中之物。

當思維陷入僵局時，你需要做的是改變思路。調整一下目標，改變一下思路，你就會輕鬆發現「柳暗花明又一村」的無限風光。

人不能改變環境，但可以改變思路；人不能改變別人，但可以改變自己；多一個思路，就多一條出路。在逆境和困境中，只要有思路就有出路；在順境和坦途中，只要有思路就會有更大的發展。

一句話：思路決定出路。

隨時升級你的思考模式

魯道夫．亞瑟．馬庫斯（一九二三—），一九二三年七月二十三日出生於加拿大蒙特婁市，尚在嬰兒時期就與麥克基爾大學有親密接觸——母親推著他在校園裡散步時就對他說：「你長大後要上這所大學。」他的兩位叔父都是該大學的醫學博士。果然，後來馬庫斯在此讀到博士畢業。馬庫斯從小喜歡讀書，尤其喜歡數學和化學。由於父親學歷不高，他的學術偶像是兩位叔叔。但馬庫斯很愛自己的父母，他崇拜父親的體育才能和母親的音樂才能。在做博士後的時期，馬庫斯意識到自己對理論化學的興趣，認為「做實驗太花時間了，老有一種衝動想把那些實驗用的玻璃器皿打碎」。由於加拿大沒有研究理論化學的條件，一九四八年，馬庫斯向美國四所大學的著名教授申請做理論化學博士後，被北卡羅來納州立大學的賴斯教授接受。一九七八年進入加州理工大學。馬庫斯是美國科學院、美國藝術與科學院院士，英國皇家科學院和中國科學院外籍院士。

由於在電子轉移反應理論方面做出的貢獻，馬庫斯獲得了一九九二年的諾貝爾化學獎。

馬庫斯給年輕人上的最重要一課就是關於如何將思考運用到工作中。他說：「重要的是勤奮，我自己就是這樣的，從學生時代直到今天，我一直都非常勤奮。另外一點就是，不能太死板。當你去解決一個問題時，一定有很多方法可以嘗試，其中一些方法必定比其他的更有效，所以你面對問題時應該多想辦法，這對你最終解決問題將有很大幫助。再者就是對其他領域裡的情況也應該去瞭解，不能只局限於自己的領域，也許那就與你的研究有關。每個人有各自做事的方式，對此不一定有統一的答案。但對我而言，對很多奇怪現象的及時瞭解，很大程度上幫助了我的研究。還有就是要多用各種各樣的『技術』來解決問題，不要只局限於自己熟悉的『技術』。我就讓學生多學物理和數學，當他們需要這方面的『技術』時直接就可以運用了。喜歡你的工作也是很重要的。」

像魯道夫·亞瑟·馬庫斯一樣，許多偉大人物在成長過程中始終會把思考放在重要的地位，例如高斯（德國著名數學家，有「數學王子」美譽）。

兩百多年前的一天，一位數學教師走進課堂，也許是想清靜一個小時，他給四年級的學生們出了一道題：從一加到一〇〇。五分鐘後，一個學生走到他跟前，交上了正確答案，這時他是多麼吃驚呀！這怎麼可能呢？這個孩子一定是個天才。讓我們也來做一下，拿出一張紙來，在五分鐘內把一到一〇〇的所有數字加起來。

五分鐘後，你得出了什麼結果呢？得出的結果與每個人的數學技巧有關，但極少有人能得出正確答案——五〇五〇。順便提一下，那個學生的名字叫卡爾．高斯。

不錯，正是這個高斯後來成了著名的數學家和物理學家，就是這個高斯用他那天才的手幾乎觸及了物理學的所有分支。你一定聽說過退磁，也就是使船、磁帶，甚至是電視接收機等去磁。而且，磁場的磁感應強度或磁通密度的單位也是以他的名字命名的。

現在回到這個難題上來。你是怎麼做的？怎麼開始的？大部分人是把數字一個一個加起來：

一＋二＋三＋四＋五＋六＋七……

或者用另一種方法，從一〇〇開始：一〇〇＋九九＋九八＋九七……

這就是我們平常所說的序列思維（按一個接一個的順序進行）。我們一看見這些數字就開始演算，或是按照老師要求的去做。這通常會導致一個很長的演算過程或是大量的錯誤，體現這種習慣做法的另一道題是二＋二×二。答案是多少？

不少人的答案可能是八。正確答案是六，因為運算規則是先乘後加。換句話說，二＋二×二應該先算二×二，然後再算二＋四。這個錯誤很小，但它表明儘管我們學過並掌握了這些運算規則，但人的大腦習慣上選擇障礙最少的路徑——序列思維。而天才的大腦運轉方式卻截然不同，它不是按順序先算二＋二，而是把這道題看成一個整體，從乘法開始（根據運算規則）。

所以，當要求把數字從一加到一〇〇時，小高斯綜觀全局：一二三四……九七九八九九一〇〇。他發現一+一〇〇等於一〇一，二+九九等於一〇一，三+九八等於一〇一，等等。他下一步的舉動就是判斷從一到一〇〇的序列中有多少這樣的對子。答案很簡單：五〇等於（一〇〇除以二）。於是，從一到一〇〇之間的所有數字的總和是一〇一×五〇等於五〇五〇。這就是為什麼高斯能在五分鐘內算出這道題的原因。天才的五分鐘就等於習慣上的序列計算的一小時或更多。不僅如此，高斯還創造出了利用乘法而不是加法計算總和的方法。這一方法快多了！

升級你的思考，升級你的行動，這樣你才能走向成功之路。

高斯（Carl Friedrich Gauß，*1777*年～*1855*年）是德國數學家、物理學家、天文學家。高斯是近代數學奠基者之一，被公認為有史以來最多產和影響深遠的數學家之一，有「數學王子」之稱。

怎樣思考，就有怎樣的人生

約瑟夫·魯德雅德·吉卜林（一八六五—一九三六），英國小說家、詩人，出生於印度孟買一個很有文學藝術修養的家庭。一八七二年，吉卜林六歲時被父親送到英國接受教育。一八八二年回到印度任《軍民報》副主編。在工作中，他對印度的風土人情以及英國殖民者在印度的生活有了相當透徹的瞭解，這為他日後的創作累積了豐富的素材。約瑟夫·魯德雅德·吉卜林於一九〇七年榮獲諾貝爾文學獎，代表作品為《吉姆》。

在約瑟夫·魯德雅德·吉卜林工作歷程中，他十分重視思考，這在他的寫作過程中可以得到體現。他說：「我有六個忠實的奴僕（教我知識的就是它們），它們的名字是何事、何故、何時、何地、何人和如何。」

和約瑟夫·魯德雅德·吉卜林一樣，古今中外，偉人們都洞悉了這樣一個道理：「人生好與壞，正如該人用腦一樣。你怎樣用腦，你的人生就會變得怎樣。」

凱撒大帝曾講過，「一個人的一生，會像那個人所期待的一樣。」

美國富豪福勒的經歷就充分說明了這一點，福勒是美國的一個黑人佃農七個孩子中的一個。他在五歲時開始勞動，在九歲以前以趕騾子為生。但他的母親是一位敢於夢想的女人，不肯接受這種僅夠餬口的生活。她時常和福勒談論她的夢想：

「我們不應該貧窮。我不願意聽到你說：我們的貧窮是上帝的意願。我們的貧窮不是由於上帝的緣故，而是因為你的父親從來就沒有產生過致富的願望。我們家庭中的任何人都沒有產生過出人頭地的想法。」

沒有人曾擁有過致富的憧憬。這個觀念在福勒的心靈深處刻下了深深的烙印，以致改變了他整個的一生。他開始想走上致富之路，致富的願望就像火花一樣迸發出來，並且，他相信自己能夠致富。如今，他不僅擁有一家肥皂公司，而且在其他七家公司，包括四家化妝品公司、一家襪類貿易公司、一家標籤公司和一家報社的事業中，都實現了他強大的商業夢想。

福勒想致富，經過努力，最終成了富翁。這說明，你怎樣思考，你就有怎樣的人生。中國也有「往好裡想，就會有好結果；往壞裡想，就會有壞結果」之說。美國的傳教士兼作家馬菲博士在其著作中強調說：「想像一些好事，好事便發生了；想像某些壞事，壞事便發生了。」

作為一位世界聞名的汽車大王，福特也深有感觸地說道：「認為自己能行是正確的，認為自己不行也是正確的。因為，不論是前者還是後者，結果會按你認為的那樣出現。」

有一位心理學教授做過這樣一個實驗：

他把兩人找來，給每人六隻白鼠，然後說，他想要看他們能在一個月之內教會老鼠做什麼事。

教授對其中一名學生說：「你很幸運，因為你的老鼠是由傑出的基因培養出來的。一個月之後，我希望你能教會牠們任何狗都學得會的東西——翻身、坐下、裝死等。」

對另一名學生說，他分到的只是普通的老鼠，要想教會牠們什麼，只是白費心機而已。

一個月之後，兩名學生帶著他們的白鼠回來。第一位學生對他的成果感到很興奮，教出的老鼠簡直就像訓練有素的馬戲團員，坐下、翻身、裝死等把戲都很拿手，一個口令一個動作。而第二名學生則對教授說：「你說得對，我的老鼠真是笨老鼠，成天縮在角落裡，給牠們食物也不敢過來吃，我教不會牠們做任何事。」

這名教授笑著對兩位學生說道：「這一切只不過是一個實驗而已。十二隻老鼠都是一樣的，唯一的差別只在於你們，一個注意力在於怎樣才能教會牠們，而另一個注意力則在於怎樣不能教會牠們。」

人的注意力很有意思。你注意什麼，就會得到什麼。

我們做個實驗：請你現在看看你的房間裡有什麼東西是紅色的。好的，你做得很好，接下來請你閉上眼睛。閉上了吧？現在請你告訴我，你的房間裡有什麼東西是黑色的。告訴我，你能說出來嗎？不用說，你說出來的東西是非常少的幾件。

為什麼呢？注意力導致結果。因為你的意識經過指令控制以後，完全把注意力集中於「紅色」的東西，而非「黑色」的東西上。

這一條信仰對你今後的生活將很有啟發。因為它告訴你，你在任何方面的注意力都會決定你在這方面所獲得的結果。

這是發生在學生課堂上的一件事。

一天，一個老師拿出一張中間有個黑點的白紙，問同學們看見了什麼，全班同學盯住白紙，齊聲喊道：「一個黑點！」

老師沮喪地說：「這麼大的白紙沒有看見，只盯住一個黑點，將來你們的一生將是非常不幸的。」整個教室寂靜無聲。

沉默中，老師又拿出一張黑紙，中間有一個白點。老師又問同學們看見了什麼，這下同學們開竅了：「一張黑紙上有一個白點。」老師欣慰地笑了，「太好了，無限美好的未來在等著你們。」

注意力導致結果，注意力等於結果。成長其實就是對注意力的研究，你的注意力轉向哪裡，你的心就會轉向哪裡。把注意力從價值較低的活動轉移到價值較高的活動的這種能力，對你在成長中要實現的所有目標都非常重要。

現在，請問問你自己，你想要怎樣的人生呢？那麼，接下來，就請你怎樣去思考吧！

避免沒有價值的思考

亞瑟・L・肖洛，美國物理學家。一九二一年生於美國，曾就讀於多倫多大學，一九四九年獲得博士學位。一九四九—一九五一年為哥倫比亞大學博士後研究員。一九五一—一九六一年在美國貝爾電話實驗室研究物理學。一九七四年任美國物理學會電子及原子物理分會主席，他是美國科學院和美國科學藝術研究院院士。由於肖洛對發展雷射光譜學和高解析度電子光譜做出的貢獻，他於一九八一年榮獲諾貝爾物理學獎。

在為年輕人的思維方式提供建議時，亞瑟・L・肖洛坦言：

「回顧我思考問題的方式，我意識到，如果我真有什麼本事的話，那就是我能夠在看一個問題時想到：『在這裡，真正重要的事情是什麼?它又是關於什麼的。』不要注重它的細節，甚至當我還是一名學生的時候我就這樣。當你要寫一篇文章或是發表講演時，這是一件需要做得很好的事情。如果你能很好地掌握這些，你也許就能夠把它解釋得很清楚。」

我們周圍有四十%的人都不明確自己真正要的是什麼，你信嗎？不知道自己要的是什麼的人，就像上了計程車後卻不知去哪裡一樣。司機無論去哪兒對你而言都無所謂，誰也不知道會到什麼地方。這樣的車肯定會迷路，因為它沒有目標。

當很多人驚覺到已經迷路時，才發覺要有一個目標，但為時已晚，因為你連身在何處都不知道。為什麼不在一開始時就明確地知道自己要去哪裡，然後手拿一張地圖，研究能夠到達目的地的路有幾條呢？這樣的人生有著一個接一個的目標，有著詳細的計畫與時間表。過你真正想過的生活，做你真正想做的事情，這樣不是很好嗎？

有什麼樣的目標，就會有什麼樣的人生；沒有目標的人，將度過迷惘的一生。

很多人說：「有啊！我有目標呀！我的目標就是要還清欠債，還要養活一家大小，不被餓死！」

這樣的目標，你覺得如何呢？會讓你提得起勁嗎？是你想要的人生嗎？

要想有充滿幹勁的人生，就要有一個令你心動的、充滿吸引力的目標，這樣的目標才能激勵你拿出行動來設法實現它，也才會有一個快樂的人生。

要想得到一個你真正想要的人生，就要設定你真正想要的有價值的目標。

現在就拿起筆來，好好想一想，到底未來二十年你想實現什麼目標，想住什麼樣的房

子，開什麼車子，交什麼朋友，擁有什麼事業，成為什麼樣的一個人。將你一生所有的目標全部想像一下，並把它們寫下來。

大凡有所成就的人都在做著自己喜歡的事業，過著自己喜歡的生活。他們每天充滿幹勁地去幫助別人，分享及學習新知識，而不再像一些人一樣庸庸碌碌、渾渾噩噩，不知人生方向而迷茫地過日子，虛度人生。

你有能力實現任何夢想，你可以得到你想要的一切，但關鍵是你必須先知道你要的目標是什麼。

相信某件事情可以做到可以為創造性解決問題鋪平道路，相信某件事情無法做到是一種破壞性的思維，這一觀點適用於無論大小的所有狀況。一個不是從心裡真正相信可以永久建立世界和平的政治領袖是無法完成其使命的，因為他的心已經失去了活力，無法以創造性的思維締造和平。同樣的道理，相信經濟衰退是不可避免的經濟學家，將無法以創造性思維去發現打破經濟循環的方法。

相信會釋放出創造的力量，而懷疑就好像在踩剎車。

相信，你就會開始思考——有建設性的思考，有價值的思考。

因為目標才讓路徑變得明確

埃爾溫·內爾（一九四四—），德籍生理學家，現任德國馬克斯—普朗克生物物理化學研究所所長。他和另一名德國生理學專家伯爾特·薩克曼教授共同發現了細胞膜上的離子通道，同時一起研發出了膜片鉗技術。離子通道的發現，是現代分子生物學史上的一次革命，它使人們對於一些疾病，如糖尿病、纖維化囊腫等的發病機理有了進一步認識。一九九一年，兩人因此共同獲得該年度諾貝爾生理學或醫學獎。

埃爾溫·內爾坦陳他的成功得益於科學明確的目標，而我們的人生又何嘗不是如此呢？一個人要是沒有目標，就無法成長。你過去或現在的情況不重要，將來想要獲得什麼、成就什麼才最重要。如果你對未來缺乏理想，就根本談不上信心，也很難做出什麼大事來。

一個退休電源設計師，想用自己的特長開一家教學儀器公司，當做過市場調查後，他有些膽怯了：現在市場上教學儀器公司多如牛毛，而且從業者個個神通廣大、精明能幹。怎麼辦？他開始冷靜分析自己的優勢，結果信心倍增。

他想：在工程設計上自己有獨特的創新，可以把自己的創新申請實用新型專利；在把握市場機會方面，他與多家學校都有過往來，清楚從何處可以找到客戶。就這樣，他開始了自己的創業，並召集了一些退休的朋友和他一起工作。他們先從小做起，開始時他們一次只和一個學校談合約，就這樣他們最終走向了成功。

老設計人員的創業經歷告訴我們可以這樣戰勝「恐懼」：利用自己的行業優勢發展自己的企業，就會成功，永遠不要因為別人的優勢而感到有威脅。一個行業裡先入者自然有先入者的優勢，比如先入者可能依靠技術領先建立一種行業標準，而新入者無法適應；或者在行銷管道方面，先入者也已經有了自己的市場、一定的客戶。但這並不是說新入者就一定毫無機會。新入者也有自己的優勢，他們可以大量地運用目前先進的技術，瞭解目前產品的不足，對行業標準進行提升，可以最大限度地激發客戶的潛在需求。

有一位名叫西維亞的美國女孩，她的父親是波士頓有名的整形外科醫生，母親在一家聲譽很高的大學擔任教授。她的家庭對她有很大的幫助和支持，她完全有機會實現自己的理想。

她從念中學的時候起，就一直夢想著當電視節目的主持人。她覺得自己具有這方面的才幹，因為每當她和別人相處時，即使是陌生人也都願意親近她並和她長談，她知道怎樣從人家嘴裡「掏出心裡話」。她的朋友們稱她是他們的「親密的隨身精神醫生」。她自己常說：「只要有人願給我一次上電視的機會，我相信我一定能成功。」

但是，她為實現這個理想而做了些什麼呢？其實什麼也沒有！她在等待奇蹟出現，希望一下子就當上電視節目的主持人。

西維亞不切實際地期待著，結果什麼奇蹟也沒有出現。因為誰也不會請一個毫無經驗的人去擔任電視節目主持人，而且節目的主管也沒有興趣跑到外面去搜尋天才。

另一個名叫辛蒂的女孩卻實現了西維亞的理想，成了著名的電視節目主持人。辛蒂之所以會成功，就是因為她知道，「天下沒有白吃的午餐」，一切成功都要靠自己的努力去爭取。她不像西維亞那樣有可靠的經濟來源，所以沒有白白地等待機會出現。她白天去打工，晚上在大學的舞臺藝術系上夜校。畢業之後，她開始謀職，跑遍了洛杉磯每一個廣播電臺和電視臺。但是，每個地方的經理對她的答覆都差不多：「不是已經有幾年經驗的人，我們是不會雇用的。」

但是，辛蒂不願意退縮，也沒有等待機會，而是走出去尋找機會。她一連幾個月仔細閱讀廣播電視方面的雜誌，最後終於看到一則招聘廣告：北達科他州有一家很小的電視臺招聘一名預報天氣的女孩子。辛蒂是加州人，不喜歡北方。但是，有沒有陽光、是不是多雨都沒有關係，她迫切希望找到一份和電視有關的職業，做什麼都行！她抓住這個工作機會，動身到北達科他州。

辛蒂在那裡工作了兩年，最後在洛杉磯的電視臺找到了一份工作。又過了五年，她終於得到提升，成為她夢想已久的節目主持人。

為什麼西維亞失敗了，而辛蒂卻如願以償呢？西維亞那種失敗者的思路和辛蒂的成功者的觀點正好背道而馳。分歧點就是：西維亞在十年當中，因目標模糊一直停留在幻想上，坐等機會；而辛蒂則因目標明確而信心備增，最後，終於實現了理想。

自信是成功的先決條件

米格爾．安赫爾．阿斯圖里亞斯（一八九九—一九七四），瓜地馬拉著名詩人、小說家，一八九九年出生在首都瓜地馬拉城。童年和少年時代舉家遷往內地小鎮，在土生土長的印第安居民當中度過，後來回到首都攻讀法律專業，大學畢業後擔任律師。一九二三年，被迫流亡歐洲，在法國僑居多年，和超現實主義流派的作家有著廣泛的接觸。

一九三〇年寫出第一部小說《瓜地馬拉傳說》，在歐洲文壇上引起強烈迴響。一九三三年回到祖國，其創作活動在瓜地馬拉十年民主時期（一九四四—一九五四）達到高潮，他先後發表了《總統先生》《玉米人》《疾風》《綠色教皇》四部長篇小說和《雲雀的鬢角》《賀拉斯主題習作》兩部詩集。

一九六五年，阿斯圖里亞斯榮獲蘇聯列寧和平獎金；一九六七年，「因為他的作品植根於自己的民族色彩和印第安傳統，而顯得鮮明生動」，榮膺該年度諾貝爾文學獎，獲獎作品為《玉米人》。

阿斯圖里亞斯的成功之路是飽經磨難的。年輕的時候，由於國內政變，他經歷了長達十年的流亡生活。而且他認為，在變幻莫測的生活中，要想取得人生的成功，首先要清醒地認識自己，明白什麼是自己想要的，並且堅定不移地堅持自己的信念。這樣，不論外界的境況有多麼不利，自己仍然能夠準確地找到自己的定位，仍然可以追尋自己的夢想。依靠這種信念，阿斯圖里亞斯在沉浮不定的生活中戰勝了自己的迷惘，堅定了自己從事寫作的信念，從而創做出了《玉米人》等一系列震撼世人的作品。

米格爾·阿斯圖里亞斯的經歷告訴我們：堅強自信的人能夠成就神奇的事業，會把「不可能」變成「可能」。

一個人成就的大小，永遠不會超出其自信心的大小。在人生中，假使你對自己的能力存在著嚴重的懷疑和不信任，你就絕不會成就偉大的事業。

不熱烈、執著地希求成功卻能取得成功的先例，天下尚無，因為成功的先決條件就是自信。

河流是永遠不會高出其源頭的。人生事業之成功，亦必有其源頭；而這個源頭，就是夢想與自信。不管你的天賦怎樣高，能力怎樣強，教育程度怎樣深，你事業上的成就總不會高過你的自信，「你做得到，是因為你認為你能做到得；他做不到，是因為他認為他不能做到。」

這世界上有許多人，他們以為別人所有的種種幸福，是不屬於自己的，是自己所不配擁有的，以為他們不能與那些幸運的人相提並論。然而他們不明白，這樣的自卑自抑，自我否定，會大大減少自己成功的機會。

有許多人往往想，世界上種種最好的東西與自己是沒有關係的；人生中種種善的、美的東西，只是那些幸運之神的寵兒所獨享的，對於自己則是一種「禁果」。他們沉迷於認定自己卑微的信念中，由此他們的一生自然要卑微以歿世；除非他們一朝醒悟，敢抬頭要求「優越」。人世間有不少本可以成大事卻老死家中，默度其渺小一生的男女，就是因為他們對於自己的期待、要求太低的緣故。

自信心是人生最可靠的資本。為什麼這樣說呢，原因有以下兩點：

第一，積極的信念會在心底播下「好種子」，從精神層面上引起良好的作用；

第二，積極的信念到達潛意識後，會從那裡激發出無限的能力來。

許多不可能的事會變成可能，許多令人無法相信的偉大事業也有人能夠完成，其主要原因就是，那些人都擁有不怕艱難的強烈信念。所以，要相信自己的力量，不要受周圍聲音的左右。如果你能始終如一地毅然前進，成功之門就會為你打開。

一個人是否能取得成功，關鍵取決於他的態度。成功人士與失敗者之間的差別是：成功人士始終用最積極的思考、最樂觀的精神和最輝煌的經驗支配和控制自己的人生；失敗者則剛好相反。

納粹德國集中營的一位倖存者維克托·弗蘭克爾說過：「在任何特定的環境中，人們還有一種最後的自由，那就是選擇自己的態度。」

也有人這樣說：「最常見的同時也是代價最高昂的一個錯誤，是認為成功有賴於某種天才、某種魔力、某些我們不具備的東西。」可見成功的要素其實掌握在我們自己的手中。成功是正確思維的結果，一個人能飛多高，並不取決於某些客觀因素，而是由他自己的態度所決定。

我們的態度在很大程度上決定了我們人生的成敗：

第一，我們怎樣對待生活，生活就會怎樣對待我們；

第二，我們怎樣對待別人，別人就會怎樣對待我們；

第三，開始時的態度決定了最後會有多大的成就，這比任何其他因素都重要；

第四，人們在重要組織中的地位越高，就越能達到最佳的狀態。

一個人的地位有多高，成就有多大，都取決於他的思想。積極的思維帶來積極的結果，消極的思維帶來消極的結果，你想要有一個更成功的人生嗎？那麼首先讓自己多一些積極的思維，多具備一些自信吧！

自信帶來無往不利的人生

莫里斯．梅特林克（一八六二—一九四九），比利時劇作家、詩人、散文家，一八六二年八月二十九日出生在比利時根特。他從小就愛好文學，可是他的父親希望他成為一名律師。一八八七年，他來到巴黎上學，開始對寫作產生興趣。不久他父親去世，於是他又回到比利時，以後就很少離開他的祖國。一八八九年，他正式從事寫作。開始的時候，他在文壇上並不為人們所注意，可是由於他那豐富的想像和驚人的創作能力，不久便被譽為「比利時的莎士比亞」。主要作品有《不速之客》（一八九〇）、《盲人》（一八九〇）、《阿格拉凡和賽莉塞特》（一八九六）、《蜜蜂的生活》（一九〇〇）、《大秘密》（一九〇四）、《花的智慧》（一九〇七）、《蒙娜．凡娜》（一九〇二）、《喬賽兒》（一九〇三）和《青鳥》（一九〇九）等。

一九一一年，「由於他在文學上多方面的表現，尤其是戲劇作品，不但想像豐富，充滿詩意的奇想，而且有時雖以神話的面貌出現，還是處處充滿了深刻的啟示。這種啟示奇妙地打動了讀者的心弦，並且激發了他們的想像」，獲得了該年度的諾貝爾文學獎，獲獎作品為劇本《花的智慧》。

莫里斯·梅特林克的成功並不是偶然的。他一直認為，我們的命運是由我們的內心所決定的，大部分的主動權在人們自己手中。因此，莫里斯·梅特林克一直在自己的人生旅途中忠實地履行著自己的思想，他把自己的命運牢牢地掌握在自己的手中，用自己的辛苦創作和勤奮工作來實踐自己的理想。為此，當總結自己的人生和事業成功秘訣的時候，莫里斯·梅特林克曾經感慨萬千地說過這麼一段話：「我們除了自己掌握命運之星，別無他法！人生像一張潔白的紙，全憑人生之筆去描繪。玩弄紙筆者，白紙上只能塗成一攤胡亂的墨跡；認真書寫者，白紙上才會留下一篇優美的文章。」

莫里斯·梅特林克的自信成就了他的輝煌，也成就了諾貝爾文學獎史上光輝燦爛的一個篇章。其實對於我們每一個在自己的人生道路上艱難跋涉的年輕人來說，莫里斯·梅特林克的告誡無疑是黑暗中的一道光明，有著不同尋常的啟示。無論什麼時候，我們都應當意識到自己的命運必須由自己來把握，要計畫好自己人生要走的每一步，並且盡自己的努力去實現自己的人生計畫，不要把自己人生的主動權交到別人的手中，試圖靠著別人的承諾和幫助或者任何一切虛無縹緲的外在力量來實現自己的夢想。

若對自己缺乏信心，就無法找到自己的強項，就不可能成功、快樂。自卑感會阻礙人達成願望，反之，自信卻可以把人推向成功的巔峰。相信自己，相信自己的能力，這種心態重要極了，因為這些都是人們無須向外索求的成功資本。若不去探求、發掘這些資本，也就等於放棄了成功。驅除自卑感的最有效的方法就是將腦子裡填滿信念。培養對自己的信心吧，這樣一來，必將會有無往不勝的人生。

若想建立自信心，先向自己暗示自信的念頭很有效。假若一個人的頭腦中總是被不安和自我否定等念頭所侵佔，他就必須首先設法拔掉這些思想上的「雜草」，他就必須給自己另一套比較積極的思想，這需要他反覆暗示自己才能夠做到。人每天為生活忙碌，若想使心靈成為動力來源，就需要進行思維訓練。即使在工作之中，也可以將信心念頭輸入意識。有人曾經做到這一點，讓我們來聽聽他是怎樣說的吧！

「以前我的心中也總是充滿了各種不安全感，可是我終於依靠自己的力量把它克服了，當時我什麼都怕。我怕搭汽車，也怕搭飛機，家人若不在，我總要一直擔心到他們回來為止。我老是覺得一定會出什麼事，生活得緊張兮兮。那時的我滿懷自卑，缺乏信心。這種心態使得我的事業不太成功。可是我學會了一個了不起的方法，令所有不安全感一掃而空。這種方法就是卡片激勵法。我準備了一些寫有很好的人生箴言的卡片，隨身帶著它們，並背誦上面的箴言，我改用另一種方式來思考。結果，一段時間後，往日縈繞心頭的不安全感都神奇地消失了，我不再有恐懼、失敗和無能等念頭，反而滿懷信心和勇氣。這個方法使我整個變了一個人，實在太棒了。現在我活得充滿信心，不僅生活中充滿了趣味，事業也取得了更大的成功。」

他的方法的確非常實用。他在心中肯定了自己存在的價值與意義，思想遂完全改觀。他不再受長年困擾他的不安全感支配，潛力發揮無遺。

如何建立自信呢？下面是十條簡單而可行的規則，成千上萬的人採用之後都獲得了成功。採取這些規則吧，你也能對自己信心十足。

（一）構思你自己成功的形象，並牢牢印在腦海中。不屈不撓地固守這幅心像，不容它褪色。不要懷疑你是否有那個能力去實現你所構想的形象。這樣最危險，無論實際情況有多糟，請隨時想像成功的畫面。

（二）每當有消極的想法浮上心頭時，請馬上採用一個積極的想法來與之對抗。

（三）有意忽視每一個所謂的障礙，把阻力縮小。在研究如何解決遇到的難題時，請先做有效的處理，以消除對它的畏懼之心，千萬別因恐懼而把問題看得太嚴重。

（四）別過度敬畏別人，培養一種「自以為是」的心態。沒有人能比你更好地扮演你的角色。請記住：大多數人雖然外表看起來很有自信，其實往往跟你一樣害怕，一樣不信任自己。

（五）每天念十遍下面的積極語句：「如果我相信自己肯定能成功，誰能阻擋住我呢？」（暫時別往下看，充滿信心地複述這句話。）

（六）找一個專家幫你找出自卑的主因。由童年研究起，認清自己對你有幫助。

（七）如果遇到困難或遭到挫敗，要拿出一張紙列出所有對自己有利的因素，這些因素不但可以讓你變得積極，而且更能使你冷靜、客觀地面對問題。

（八）正確評估自己的能力，然後再將它提高十%。別太自負，但要有足夠的自尊。

（九）相信你的能力無限之大。時刻不要忘記接受積極的思想，不給空虛、沮喪、疲倦留有侵襲的時間。

（十）提醒自己別和你的恐懼商量如何去做，而是應採取主動積極的態度去分析問題、解決問題。

磨難是為日後成功的你增加光彩

西格麗德・溫塞特（一八八二—一九四九），挪威女作家，生於丹麥凱隆堡。母親是丹麥人，父親是著名考古學家。由於受家庭影響，她從小就對歷史，特別是挪威的中世紀歷史有著深厚的興趣。她十一歲喪父，曾在商業學校念過書。她從十六歲起在一家商行任職，與中下層人民的生活有著廣泛的接觸，這為她日後的寫作積累了素材。

一九〇七年，溫塞特寫出了第一部日記體的長篇愛情小說《瑪爾塔・埃烏里夫人》，後來又陸續發表了《幸福的年紀》（一九〇八）、《維加・里奧特與維格基斯》（一九〇九）、《珍妮》（一九一一）、《春天》（一九一四）、《吉姆納德尼亞》、《燃燒的灌木叢》等長篇小說和一些短篇小說。其中《珍妮》是一部心理小說，描繪一個少女在夢想獲得一對父子的愛情時的複雜心理和悲劇性結局，文筆生動，描寫細膩。這部作品確定了她在北歐文學中的地位。

一九二八年，「由於她對中世紀北國生活之有力描繪」，榮獲該年度諾貝爾文學獎，獲獎作品為小說《新娘・主人・十字架》。

溫塞特曾經說過這麼一句話：「信仰堅定的人是一刻也不會迷失方向的，他的靈魂將衝破煉獄的烈焰直奔天堂極樂世界。」

西格麗德．溫塞特是這麼說的，也是這麼做的。像很多人一樣，西格麗德．溫塞特為了謀生，曾經先後在幾家大公司當過小職員，時間長達十年之久，期間飽嘗了人生的辛酸苦辣。但越是艱苦的環境越磨礪人對生活與事業的信心和意志，溫塞特的經歷造就了她剛毅的個性，使她產生了要當作家的強烈欲望。在這十年當中，西格麗德．溫塞特早起晚睡，利用一切可以利用的業餘時間，發憤學習，用心寫作，最終獲得了諾貝爾獎，達到了人生的巔峰。

毫無疑問，西格麗德．溫塞特用自己的人生經歷告訴我們每一位青少年，苦難和挫折其實沒有什麼了不起的，關鍵在於我們是否能夠在苦難中磨礪自己的信念。的確，艱難困苦對生活的弱者來說也許是萬丈深淵，但是對生活的強者來說，卻猶如通向成功之路的層層階梯。生活也告訴我們這樣的哲理：「在人類的歷史上，成就偉大事業的往往不是那些幸運之神的寵兒，而是那些遭遇諸多不幸卻能奮發圖強的剛毅不屈的苦孩子。」

德國大作曲家貝多芬由於貧困沒能上大學，他十七歲時得了傷寒和天花。這之後，肺病、關節炎、黃熱病、結膜炎又接踵而至，二十六歲時不幸開始失去聽覺，在愛情上他也屢屢不順。在這種境遇下，貝多芬發誓「要扼住命運的咽喉」。在與命運的頑強搏鬥中，他的意志佔了優勢，在樂曲創作事業中，他的生命重新沸騰了。

英國詩人勃朗寧夫人十五歲就癱瘓在床，後來靠著剛毅的精神力量和病魔頑強搏鬥，三十九歲時終於從病床上站了起來。她寫的《勃朗寧夫人十四行詩》一書馳名於世界。

一個人可能會由於家庭、身體等種種原因而感到失意，但只要他內心深處堅信自己是能夠有所作為、成就一番事業的，他就會產生戰勝困難、向命運挑戰的巨大勇氣，而他的社會價值，也終會在所從事的事業中得以實現。十八世紀德國詩人歌德，用二十六年的時間完成了一部不朽的名著《浮士德》。作品完成後，他的秘書請他用一兩句話概括作品的主旨，他引用浮士德的話說：「凡是自強不息者，終能得救！」

在生活中的不幸面前，有沒有堅強剛毅的性格，在某種意義上說，也是區別偉人與庸人的標準之一。巴爾札克說：「苦難對於天才是一塊墊腳石，對於能幹的人是一筆財富，而對於庸人卻是一個萬丈深淵。」有的人在厄運和不幸面前，不屈服、不後退、不動搖，頑強地和命運抗爭，在重重困難中衝開一條通向勝利之路，最終成為征服困難的英雄、掌握自己命運的主人；而有的人在生活的挫折和打擊面前，卻垂頭喪氣，自暴自棄，喪失了繼續前進的勇氣和信心，淪為庸人和懦夫。培根說：「好的運氣令人羨慕，而戰勝厄運則更令人驚嘆。」

戰勝的困難愈大，成就的取得愈不容易，就愈能說明你是真正的英雄。當接連不斷的失敗使助手們幾乎完全失去發明電燈泡的信心時，愛迪生卻靠著堅韌不拔的意志，扛起來自於各個方面的精神壓力，經過無數次實驗，終使電燈為人類帶來了光明。在這裡，愛迪生的超人之處，正在於他在挫折和失敗面前表現出的超人的頑強、剛毅精神。

剛毅的性格是在個人的實踐活動中逐漸發展形成的。如果你想培養自己的剛毅性格，你可以學著在自己的生活中採用下列技巧：

一・下定決心堅持到底

局面越是棘手，越要努力嘗試。過早地放棄努力，只會增加你的麻煩。面臨嚴重的挫折時，要堅持下去，加倍努力，加快前進的步伐。下定決心堅持到底，並一直堅持到把事情完成。

二・不要低估問題的嚴重性

要客觀地估計自己所面臨的危機，不要低估問題的嚴重性。否則，當你試圖改變局面時，就會感到準備不足。

三・做出最大的努力

不要畏縮不前，要使出自己全部的力量來，不要擔心把精力用盡。成功者總是能做出更大的努力的。

四・堅持自己的立場

一旦你下定決心要衝向前去，就要像服從自己的理智一樣去服從自己的直覺。頂住家人和朋友的壓力，採取你所堅信的觀點，堅持自己的立場。

五・不要試圖一下子解決所有的問題

面對問題時，要滿足於每次只邁出一小步。不要企圖當個超人，一下子解決自己所有的問題。從力所能及的小事做起，一次一次去體驗成功，一點一滴地積聚成功的力量和積極的觀念。

六・尋求別人的支持與幫助並不可恥

誰都不是超人，在困境中，有懊悔和恐懼是很正常的，向他人傾訴，尋求他人的安慰、支持與幫助也是正常的，你完全不必為此而心生不安。

七・堅持嘗試

克服危機的方法不是輕易就能找到的。我們必須堅持不懈地尋求新的出路，要保持自己頭腦的清醒，睜大眼睛去尋找那些在危機或困境中可能存在的機會，努力去尋求一線希望和可取的奮起之路。

沒有計畫就是浪費時間

威廉·巴特勒·葉芝（一八六五—一九三九），或譯「葉慈」「耶茲」，愛爾蘭詩人、劇作家，著名的神秘主義者，是愛爾蘭文藝復興運動的領袖，也是艾比劇院的創建者之一，被詩人艾略特譽為「當代最偉大的詩人」。

一八六五年六月十三日出生於都柏林。曾在都柏林大都會美術學院學習繪畫，一八八七年開始專門從事詩歌創作。葉芝對戲劇也有濃厚的興趣，先後寫過二十六部劇本。主要作品有《經典愛爾蘭故事》《凱薩琳女伯爵及其他傳說和抒情詩》《葦間風》《挫折的詩歌》《青春歲月的幻想曲》《駛向拜占庭》等。一九二三年，「由於他那永遠充滿著靈感的詩，它們透過高度的藝術形式展現了整個民族的精神」，獲得該年度諾貝爾文學獎，獲獎作品為詩作《麗達與天鵝》。

葉芝曾說：「時間一點一滴凋謝，猶如蠟燭慢慢燃盡。」他認為，沒有好的計畫，浪費

時間就是不可避免的。

伯利恆鋼鐵公司總裁查爾斯．舒瓦普曾向效率專家艾維．利請教「如何更好地執行計畫」的方法。

艾維．利聲稱可以在十分鐘內就給舒瓦普一樣東西，這東西能把他公司的業績提高五十％。果然，幾分鐘之後他遞給舒瓦普一張白紙，說：「請在這張紙上寫出你明天要做的六件最重要的事。」

舒瓦普用了五分鐘寫完。

艾維．利接著說：「現在用數字標明每件事情對於你和你的公司的重要性次序。」

這又花了五分鐘。

艾維．利說：「好了，把這張紙放進口袋，明天早上第一件事是把紙條拿出來，做第一件最重要的事。不要看其他的，只是第一件。著手辦第一件事，直至完成為止。然後用同樣的方法對待第二件、第三件……直到你下班為止。如果只做完第一件事，那也不要緊，因為你總是在做最重要的事情。」

艾維．利最後說：「每一天都要這樣做——您剛才看見了，只用十分鐘時間——你對這種方法的價值深信不疑之後，叫你公司的人也這樣做。這個實驗你愛做多久就做多久，然後給我寄張支票來，你認為值多少就給我多少。」

一個月之後，舒瓦普給艾維·利寄去一張兩萬五千美元的支票，還有一封信。信上說，這一個月的工作是他一生中最有價值的。

五年之後，伯利恆鋼鐵公司從不為人知的小鋼鐵廠一躍成為世界上最大的獨立鋼鐵廠。對此，人們普遍認為，艾維·利提出的方法功不可沒。

那作為一個普通人來說，應該怎樣合理安排我們的時間呢？以下是幾條行之有效的建議：

一・有效制訂計畫表

既然合理地利用時間可有效地提高工作效率，那我們就應該在自己的日常生活中，制訂一個可行的、適宜自己的待辦計畫表。

待辦計畫表首先應該簡單明瞭，你在百忙中隨意瞄幾眼，馬上就能明白需要做什麼事。在待辦計畫表中，所列專案應該簡單清楚。

二・善於利用記憶

在睡覺之前想想第二天的工作，人腦就像一個平行處理器，可以同時處理許多工作。你一旦記下了某些特定的事物，大腦就會把它轉移到潛意識中，不知不覺地開始研究如何解決它的辦法。

利用記憶記住你的工作之後，你的腦子就會想盡一切辦法去解決。有時候當我們的問題存在於腦海中時，睡夢中會突然跳出一個理想的解決辦法，也就是人們所說的日有所思夜有所夢。當我們真正地利用了我們的潛意識來解決問題時，我們就會發現，它的作用是驚人的、不可思議的。

三‧適時檢查計畫表

計畫表制訂出來之後，還須嚴格執行才能產生良好效果。晚上睡覺前，再翻一翻你前一天的計畫表，看一看你執行的情況和進度，這會有助於你第二天工作的安排和完成。

學生們都知道，英語中的單詞是很難記憶的，那麼，需要記憶的英語單詞一共有多少呢？如果你制訂一個計畫表，每天完成十個單詞的記憶任務，定時檢查，督促保證完成。那麼一年過去，你就可以掌握三六五〇個單詞；兩年之後，你所記的單詞已足夠你日常生活中的對話、寫作和運用了。一天記十個單詞並不難，難就難在是否能一絲不苟地堅持下去。因此，光有計畫表是不行的，還需要適時檢查，督促計畫表的按時完成。

四‧限制計畫數目

每個人的精力是有限的，運用有限的精力去做無窮無盡的事，是不可能的。人長期超負荷工作，很容易導致意想不到的損害。因此，應限制一天中的計畫數目，進行科學的調整，使人處於一個協調的工作環境之中，既保證完成工作任務，又不致影響身體的健康。

現實生活中，按小時計酬的人比按月領薪水的人更能感覺到時間的價值。

因此，為了管理時間，你要認為自己是按小時獲酬的人，不論你是不是如此。要找出你每小時究竟可以得到多少酬勞，請把你一年的薪水除以一千，再除以二，那差不多就可以計算出來了。

為你的一天訂出一個概略的工作計畫時間表，尤其得重視你要完成的兩三項主要工作。其中一項應該是使你更接近你一生目標的重要工作，在星期四或是星期五，照著這個辦法為下個星期做同樣的計畫。

請記住——

研究證實了一項常識：用更多的時間為一項工作做事前計畫，做這項工作所用的總時間就會減少。不要讓今天繁忙的工作把你的計畫時間從你的工作時間表中擠出去。

你應該每天保持兩種工作表——最好在同一張紙上。

在紙的一邊（或在你的記事本上面）列出在某幾個特定時間裡做的事情，如會議和約會。在紙的另一邊列出你「待做」的事項——你把想到要在今天完成的每一件事情盡量地列出來。然後審視一番，排定優先次序的編號。表上最有價值的事項可能是標上一號或二號的事項，因此，你要排出一段特定的時間來辦理這兩件事。計畫在時間允許時，再按優先次序做其他的工作。不要為次要的工作排出特定的時間，你需要保持足夠的彈性處理突來的干擾；否則就會因計畫不能實現而感到洩氣。

「待做事項表」有一個很大的缺點，就是我們通常根據事情的緊迫性來編定。它包括需要立刻加以注意的事項，其中有些事項重要，有些並不重要。它通常不包括重要卻不緊急的事項，諸如你要完成但沒有人催促你的長遠計畫和重要的事項。

因此，在列出每天「待做事項表」時，你一定要事先花一些時間來審閱你的「目標表」，看看你現在所做的事情，是不是真正可以使你更接近目標。

在一天結束的時候，你很可能沒有做完「待做事項表」上面的事項，但是你不要因此而煩心。如果你已經按照優先次序做了，就已經完成了重要的事情，而這正是時間管理所要求的。

如果你發現你把一項工作從今天的表上轉列到明天的表上，且不只是一兩次，它可能是次優先事項，但也可能是你在拖延。這時，你就不要再拖延下去，並且想出處理這件事情的辦法。

最好的辦法是在下班前幾分鐘，擬訂第二天上午的工作計畫表。這是成功的高級管理人員做有效的時間管理計畫時最常用的方法。如果推延到第二天上午再列工作計畫表，就容易草率，因為那時已經有工作的壓力，工作表上所列的，常常只會是緊急事務，而不是重要的事項。

力量來自規律的生活

伯特蘭．羅素（一八七二—一九七〇），英國哲學家、數學家、邏輯學家、歷史學家，無神論或者不可知論者，二十世紀西方最著名、影響最大的學者與和平主義社會活動家之一。

一八七二年五月十八日，羅素生於英國輝格黨貴族世家。其祖父約翰．羅素勳爵在維多利亞時代兩度出任首相。其父安伯力．羅素是一位激進的自由主義者，因為鼓吹節育而失去國會的議席。羅素四歲時失去雙親，由祖母撫養。羅素在青少年時期先後對數學、歷史和文學感興趣。十一歲時他的哥哥教給他歐氏幾何學，使數學從此成為他一生的愛好。他的叔叔零碎地跟他講過一些科學知識，這使他發現了宗教和科學之間的矛盾。他在祖父的書房裡閱讀了大量歷史和文學著作，這對他後來的著述產生了很大影響。一八九三年獲得劍橋三一學院數學學位，而後在第四年轉學哲學，並獲得倫理科學學位。

主要作品有《數學原理》《哲學問題》《教育與社會秩序》等。

一九五〇年，由於「他所寫的捍衛人道主義理想和思想自由的、多種多樣的、意義重大的作品」，榮獲該年度諾貝爾文學獎，獲獎作品為《哲學．數學．文學》。

羅素為了取得學術上的成就經常有意識地訓練自己，他的日程安派得很細，就像訓練運動員一樣。他還嚴格遵守著一個很有規律的時間表，儘管他工作起來是那樣的忘我，但一到用餐時間，他總是把工作停下來去吃飯。他說：「我極佩服那些能夠忘掉吃飯的人，然而我卻做不到這一點。」

有很多人，總是強迫自己無休止地工作，他們對工作沉迷上癮，正如人們會對酒精沉迷上癮一樣，他們被稱為「工作狂」。他們拒絕休假，公事包裡塞滿了要辦的公文。如果要讓他們停下來休息片刻，他們會認為純粹是浪費時間。這些人都成功了嗎？沒有，他們之中很多人不但沒有成功，反而卻心力交瘁，有的甚至疏遠了親人，造成家庭的破裂。

確實，事業的成功是很重要的；但如果為此犧牲了健康和家庭，也是很遺憾的。在現代人的工作中，一個成功的人是會合理安排時間，注意張弛有度。他們注重各種形式的鍛鍊，以保持旺盛的精力去應付艱巨的事業、工作，他們也注意給自己留出與家人共享天倫之樂的時間。可以說這才是一個現代人的生活方式。

在一天的工作之後，人在心理和體力兩方面都需要擺脫一下工作。如果經常將公事包帶回家繼續挑燈夜戰，其結果是越來越沒有精力在白天處理好事務。而且也會使之降低在辦公室裡把工作做完的衝勁，因為他會想：「如果白天做不完，我可以在晚上繼續。」久而久之，就會養成一種拖延的毛病。

因此，我們應該「今日事，今日畢」。除非有緊急的事務，否則不必把工作帶回家做。你將享有一段舒適的晚間休息時間和與家人同樂的美好時光。這將是一件非常美妙的事情！

調節不一定需要休息，從腦力勞動轉換去做幾分鐘體力勞動，從坐姿變為立姿，繞著辦公室走一兩圈，就可以迅速恢復精力。

另一方面，人類的心靈需要安靜、獨處與平和的時間，以利於忘記競爭的壓力。因此，不妨在自己繁忙的時間表上，安排幾分鐘或十幾分鐘靜坐默想的時間，以獲得內心的平靜，讓自己擺脫競爭的忙碌和工作的壓力，退一步向前看看自己究竟在做什麼。

另外小睡也是一種有效的休息和恢復精力的方法。小睡與正常睡眠不矛盾，它因人而異，有時打個盹兒就能發揮作用。通常正常的睡眠達到能恢復體力的效果即可，不可貪睡；而白天的小睡則是一種既不多佔時間又能有效地恢復體力的休息方法。

所以，為了避免陷於思維定勢的僵局，在碰釘子的時候，不妨暫且擱置問題，讓頭腦靜下來；切忌應付了事。

這時，我們要注意三點：

（一）遇上一時無法解決的難題時，不妨把它記錄下來，暫且擱置一旁。

（二）把問題「存檔」於潛意識中，因為有可能從別的事物上意外地得到解決的線索。

（三）切忌隨便找個方法應付了事。

「記錄問題」不僅可以留待日後找出好的方法，還有一項效用：當你把問題詳細記錄下來之後，由於不必擔心忘記它，便可安心地全力去做另一項工作。

據說，即使是已達上乘悟境的禪僧，打禪時仍不免會有若干雜念產生。許多禪僧因此在打禪時隨身備妥紙筆，一旦雜念浮現便立即畫寫下來。畫此一筆心便靜下來，便不會為雜念所限，而能繼續打禪。

為解決難題而撇下手邊的其他工作是最不明智的舉動。建議你把它記下來，以便集中注意力繼續全力完成手邊的工作。

犧牲睡眠實在是極不明智的。因為，即使熬夜的時候能保持極高的工作效率，但就長遠的眼光看來，其效果仍然不佳。更何況走出校門之後，工作的壓力遠比學生時代要大得多，所以保持身體健康無論如何要列為第一考慮的要件。

我們重視最終的成績，因此對於只求暫時效果的方法素來不敢苟同。把眼光放遠，展望未來才是重要的。

熬夜加班處理事務，固然可能對隔天的工作有益，但也可能因之影響了後天或是大後天的精神，降低了工作效率。所以從長遠的角度來看，仍然不能算是有好效果，因為它一定會在某處造成負面的影響。

上班族的生活就像馬拉松比賽一樣，如果在中途為了超越對手而亂了自己的步調，絕對無法取得好成績。抵達終點時的成績才是真正的成績，光是追求中途的領先，只是滿足自己一時的虛榮罷了。

而且，如果養成了全力工作的習慣，工作的步調勢必不平均。我們向來反對為了工作不吃不喝。為了保持工作的高效率，最重要的就是集中精神，飢腸轆轆一定無法集中精神，有道是「皇帝不差餓兵」；但有些人確實是一忙起來，連肚子餓都感覺不出來。這種情形每個月一兩次還無所謂，長期如此就算是鐵打的身子也會受不了的。

健康是做任何事情的最大資本，千萬不可掉以輕心。失去健康，不僅生活的步調大亂，有時甚至工作也做不成了。如果只為了逞一時之能而造成長期的弊害，得不償失啊。所以，為了保持馬拉松般的步調，切莫空著肚子硬撐著做事。

空著肚子做事固然不好，吃得太飽也一樣做不了什麼事，因為血液過度集中於腹部時，腦筋自然就會遲鈍，與這個很類似的還有一種情形——喝酒。吃太飽或喝酒均會使得身體狀況異於平常，而導致腦筋反應遲鈍。

一般公司的上班時間，如果包含午休的一個小時的話，通常都有八個小時。所以八點鐘上班的公司，辦公時間大概就是：上午三小時，下午四小時。

相信許多人都有同樣的經驗，上午的三個小時還沒有什麼問題，下午便常常感到疲勞。開始感到倦怠，工作的效率便會降低。這種時候最需要的是以適度的休息恢復精神。

我們很贊同適度的休息，而且認為：不論面對如何緊要的工作，一旦發現自己疲倦了就應該停下來休息休息，讓緊張的身心得到喘息的機會。因為，若明知自己的體力極限已至，卻還勉強自己繼續工作，除了會陷入工作的低潮之外，對自己毫無益處。天下再沒有比這更蠢的事了。

休息是為了走更遠的路，我們主張疲憊的時候稍做休息。但是休息也絕不是要你放肆地放鬆自己。依據經驗，久坐辦公室的人在工作中感到疲勞的時候，只需要停下來稍稍活動一下筋骨就可以了。在走廊散散步，做些簡單的體操等，如果情況不允許的話，甚至只要在原地伸伸懶腰、打打呵欠也足夠了。不過有些工作的確是不方便當場伸懶腰、打呵欠的。在這種情況下，你不妨到洗手間，舒舒服服地伸個大懶腰、打個大呵欠，甚至洗把臉吧。

唯有主動得以搶得先機

一九二五年諾貝爾文學獎得主喬治．蕭伯納（一八五六——一九五〇），英國戲劇家、文藝評論家，生於愛爾蘭首都都柏林。蕭伯納自幼喜愛音樂和繪畫，但由於家境貧寒不能深造。十五歲開始謀生，工作之餘經常去美術館、博物館博覽群書，從馬克思的《資本論》、達爾文的《進化論》和柏格森、叔本華的哲學著作，到莎士比亞、莫札特的戲劇、音樂作品，他都熟讀慎取，如飢似渴地填充著自己富有想像的頭腦，並開始嘗試文學創作。

蕭伯納說：「在這個世界上取得成功的人，是那些努力去尋找他們想要的機會的人；如果找不到機會，他們就自己創造機會。」

正如蕭伯納所說，那些能力出眾的、優秀的人不會等待機會的到來，而是創造機會，抓住機會，把握機會，征服機會，讓機會成為服務於自己的奴僕。

軟弱的人和猶豫不決的人總是藉口說沒有機會，他們總是喊：「機會！請給我機會！」其實，每個人生活中的每時每刻都充滿了機會。你在學校裡的每一堂課是一次機會，每一次考試也是一次機會；每一個病人對於醫生都是一個機會；每一篇發表在報紙上的報導是一次機會；每一個客戶是一個機會；每一次佈道是一次機會；每一次商業買賣是一次機會，是一次展現你的優雅與禮貌、果斷與勇氣的機會，是一次表現你誠實品質的機會，也是一次交朋友的好機會。

在這個世界上生存本身就意味著上帝賦予了你奮鬥進取的特權，我們每一個人都應該利用這個機會，充分施展自己的才華，去追求成功。想一想吧，像弗萊德．道格拉斯（十九世紀美國著名的廢奴主義演說家）這樣一個連身體都不曾屬於自己的奴隸，尚且能夠透過自身的努力最終成為一位傑出的演說家、作家和政治家，那麼，當今的年輕人，與道格拉斯相比擁有無限機會的年輕人，是不是應該做得更好些呢？

只有懶惰的人才總是抱怨自己沒有機會，抱怨自己沒有時間；而勤勞的人永遠在孜孜不倦地工作著、努力著。有頭腦的人能夠從瑣碎的小事中尋找機會，而粗心大意的人卻輕易地讓機會從眼前飛走了。有的人在自己的有生之年處處都在尋找機會，他們就像辛勞的蜜蜂一樣，從每一朵花中汲取瓊漿。對於有心人而言，每一個他們遇到的人、每一天生活的場景，都是一個機會，都會在他們的知識寶庫裡增添一些有用的知識，都會給他們的個人能力注入新的能量。

有一句格言說得好：「幸運之神會光顧世界上的每一個人。但如果她發現這個人並沒有準備好要迎接她時，她就會從大門裡走進來，然後從窗子裡飛出去。」

只要你善於觀察，你的周圍到處都存在著機會；只要你善於傾聽，你總會聽到那些渴求幫助的人越來越弱的呼聲；只要你有一顆仁愛之心，你就不會僅僅為了私人利益而工作；只要你肯伸出自己的手，永遠都會有高尚的事業等待你去開創。

出生在這樣一個知識與機遇前所未有的時代，出生在這樣一塊充滿機會的國土上，你怎麼能夠悠然地抱著胳膊，連聲向上帝索取那些已經給予你的所有必要的才能與力量呢？

想一想，塵世間有無數的工作在等人去做。而人類的本質是那麼的特殊，哪怕是一句歡快的話語或是些許的幫助，都會有助於別人力挽狂瀾或是為他們的成功掃清障礙；每個人的體內都包含了誠實的品質、熱切的願望和堅韌的品格，這些都讓人們有成就自己的可能。人們的前方還有無數偉人的足跡在引導著、激勵著人們不斷前行，而且，每一個新的時刻都給人們帶來許多未知的機遇。

不要等待機會出現，而要創造機會，去主動創造出非同尋常的機遇，直至達到成功。對懶惰者而言，即使是千載難逢的機遇也毫無用處，而勤奮者卻能將最平凡的機會變為千載難逢的機遇。

發現小事物中蘊藏著的大機會

莫諾（一九一〇—一九七六），法國生物化學家。一九一〇年二月九日生於巴黎，一九二八年入巴黎大學生物系，一九三一年獲科學學士學位，一九四一年獲自然科學博士學位。一九三四年任巴黎大學動物學助理教授，從事過原生動物的研究工作。一九三六年獲洛克菲勒基金會的資助，到美國加州理工學院學習，並曾在摩爾根實驗室學習和工作，後入巴斯德研究所工作。一九五三年任該所細胞生物化學部主任，一九六〇年受聘為美國藝術和科學學院外籍名譽院士，一九六五年為德國自然科學院外籍名譽院士，一九六七年受聘為法蘭西學院教授（一九七一年任該所所長），一九六八年成為英國皇家學會外籍會員。

一九六五年，由於發現了細菌細胞內酶活性的遺傳調節機制，與莫諾・A・利沃夫和雅各三人共同獲得了該年度的諾貝爾生理學或醫學獎。

科學創造需要不斷地捕捉機會、創造機會，莫諾對此深有感觸。他說：「當然，創造性過程還有其他要素，例如具有注意到在實驗中發生的奇怪現象和小事的能力。因為許多小事是發現的來源，有時甚至是非常重要的發現的來源。」

莫諾認為：要圍繞我們目前在做的中心工作，圍繞一個確定的目標，然後「小中見大」「見微知著」。

一個有敏銳觀察力的人，總是注意留心身邊的事情，哪怕是一些小事，也不願意隨意放過。他們往往能夠透過這樣的小事，看到其中的不奇之奇，透過進一步的深入和思考，獲得一些成功，感受一些意外的幸福。

日常生活中，常常會發生各種各樣的事，有些事使人大吃一驚，有些事則平淡無奇。一般而言，使人大吃一驚的事會使人倍加關注，而平淡無奇的事往往不被人注意，但它卻可能包含有重要的意義。

十九世紀的英國物理學家瑞利正是從日常生活中觀察到端茶時，茶杯會在碟子裡滑動和傾斜，有時茶杯裡的茶水也會灑出一些；但當茶水稍灑出一點到茶碟時，茶杯會突然變得不易在碟上滑動了。瑞利對此做了進一步探究，做了許多相類似的實驗，結果得到一種求算摩擦力的方法——傾斜法，獲得了創造給他帶來的巨大幸福。

瑞典著名化學家諾貝爾因發明安全烈性炸藥而聞名於世，而這種炸藥正是他進行試驗觀察時的意外「獵物」。一八六七年，諾貝爾在進行一次普通火藥的物理化學性能研究的試驗中不小心割破了手指，便在傷口塗上棉膠止血，無意中把剩餘的棉膠丟落到硝化甘油裡去。諾貝爾仔細觀察了棉膠和硝化甘油所起的化學反應，並繼續研究這一現象，結果發明了一種安全、烈性炸藥——膠狀炸藥。這一偶然發現為諾貝爾的畢生事業奠定了良好基礎。

機遇是一種偶然現象，但偶然的背後隱藏著必然性，這是機遇產生的原因。X射線的發現就是一個例證。一八九五年，德國物理學家倫琴有一次在研究陰極射線管的放電現象時，偶然發現放在旁邊的一包密封於黑紙裡的照相底片曝了光。他分析可能有某種射線在產生作用，並把它稱為X射線。

經過進一步試驗後，這一設想被證實了，於是意外發現了X射線。倫琴也因此於一九〇一年獲得了首屆諾貝爾物理學獎。然而事實上在倫琴之前有不少人碰到這樣的機遇，如一八九〇年的美國人茲皮德以及一八九二年的德國另外一些物理學家都有過同樣的機遇；但他們都把這一意外忽視了，因此錯過了發現X射線的機遇。

當然，培養敏銳的洞察力，留心周圍小事的重要意義，並不是讓人們把目光完全局限於「小事」上，而是要圍繞我們目前在做的中心工作，圍繞一個確定的目標，然後「小中見大」「見微知著」。只有這樣，才能有所創造，有所成就。

首先要相信有一天機會終究會到來的。要隨時警覺它的出現，一旦來臨，就要抓住它所

傳遞的重要資訊和有價值的線索，追根究底。法國化學家和細菌學奠基人在論述丹麥物理學家奧斯特偶然發現電磁感應的生動故事時，曾深有感觸地說：「在觀察的領域中，機遇只偏愛那種有準備的頭腦。」一語道破了有人善於捕捉機遇的奧秘。

其次，是要把相距很遠的事物聯繫在一起思索。美國發明家威斯汀豪為了創造一種能夠同時作用於整列火車的剎車裝置，搜腸刮肚都未能想出。後來他在一本雜誌上意外地知悉，挖掘隧道時驅動風鑽所需的壓縮空氣能用橡膠軟管從八百公尺以外的空氣壓縮機送來，他從中得到啟發，發明了氣動剎車裝置。

最後，是從別人不留心的地方做文章。司空見慣的事，一般人容易疏忽，大專家、大學者也會疏忽。

在人的一生中，總會碰到各式各樣的偶然性的機遇。但是，假如不是對周圍的事情感興趣，沒有悉心的觀察、持久的思索，那麼，機遇即使降臨了，也無人知曉，知曉了也不善於捕捉利用。所以，要留意觀察周圍的事物，哪怕是不起眼的小事情，也要仔細觀察，深入思考。

永遠不要怕「為時已晚」

喬治．夏派克（一九二四—），出生於波蘭的猶太法國物理學家。「二次大戰」期間，因積極參與法國的反法西斯鬥爭，他被關入集中營，在集中營裡接受了初步的數學教育，這為他後來的研究打下了基礎。一九五九年，夏派克進入歐洲核子研究中心（歐洲在瑞士日內瓦建立的粒子物理實驗室）工作，並發明了多斯正比室（一種粒子物理學實驗的重要探測裝置）。一九九二年，由於「他對高能物理探測器，特別是多斯正比室的發明和發展」，榮獲該年度諾貝爾物理學獎。

夏派克在寄語年輕人時提出：「永遠不要怕為時已晚！如果還為時不晚的話，我也願意離開我生命旅途中的這個階段，離開粒子物理學的戰場，做一些其他嘗試。那將是一個情況更複雜、更觸及人性本質的新戰場。我在集中營時的同伴教會我：永遠不要怕為時已晚。夢想明天，就是已經設計了未來……那麼，也就是做好了一生的安排。」

確實如此。我們的生活就像旅行，思想是導遊者；沒有導遊者，一切都會停止。目標會喪失，力量也會化為烏有。如果我們總是生活在昨天，那麼我們今天絕不會快樂，也絕不會成功。

人生在世，大抵都會錯過些什麼：人、事、職業、婚姻、機遇等。正因為如此，人生才顯得匆忙而短暫。

人生中有無數次選擇，如果我們錯過了太陽，還要錯過月亮嗎？

每年都有不少學子，就因志願填得不妥而與理想的學校、理想的專業失之交臂。

填志願當然是第一志願最重要了，它凝聚了一個人所有的追求與努力。學醫還是學農，學商還是學文，面對單薄的表格，那支筆顯得何其沉重。一筆落下去，就是不可悔改的人生。鑑於此，許多人都把寶押在了第一志願上：「非某某校、某某專業不上！」到了第二志願的填報時，也就浮光掠影了，用敷衍了事來形容也不為過。

我們都理解莘莘學子的心情，十年寒窗只為第一志願而戰；但我們更理解一個人失落的苦悶與無奈。假設當初像對待第一志願那樣對待第二志願，那就無疑等於為多雨的青春提前預備了一把美麗的傘。

我們覺得談戀愛的人是另一種形式的「填報志願」。不能與最心儀的人結合——因為種種原因，沒能攜手相牽漫步人生之旅——這多麼像我們失落的第一志願，但絕不能因此而拒絕愛情。「十步之內，必有芳草」，這些事例，無非是想說明這樣一個道理：錯過了太陽，不能再錯過月亮。

正確地選擇第二志願其實也是一種智慧。誰能保證第一志願帶來的就是精彩，而第二志願帶來的必是無奈？生活不止一次地告訴我們，塞翁失馬，焉知非福？更有那「有心栽花花不開，無心插柳柳成蔭」的諺語，一次次推開塵封的心扉。一扇門關閉了，同時另一扇門也會為你打開。生活，永遠是公平的。

反過來講，第二志願何嘗不是對你的決心、毅力、自信、才能的另一種考驗？真正的騎手，可以馴服任何一匹烈馬。

把志願分成第一、第二、第三……本身就是一種無奈。一個人難道只有在面對那張表格時，才知道自己的心中原來只藏著一個志願嗎？果真如此，人生會是多麼的索然寡味。我們認為，比志願更美、更有人性光輝的，是「追求」這兩個字。與第一志願擦肩而過可以，但沒有追求卻絕不可以。

是的，在人生的征途上，我們常常免不了要被第二志願甚至第三志願「錄取」，這大概是另一種意義上的「生米煮成了熟飯」吧！怎麼辦？那就對自己說：開飯吧！

有一個人，年輕時與一少女相戀多年。那少女活潑、開朗，能歌善舞，是個人見人愛的「黑牡丹」。可是由於陰差陽錯，他們分手了：「黑牡丹」遠嫁他鄉，而那位朋友也為人夫、為人父。只是那位朋友覺得自己過得極其「不幸」，他覺得妻子這也不順眼，那也不遂心，長相不佳、吃相不佳、坐相不佳、睡相不佳……總之，妻子沒有一樣稱他的心，如他的意，與羅曼蒂克的「黑牡丹」簡直不能相比。他的妻子為此常常黯然神傷。後來，索性成全了他，准許他去異鄉看望他的夢中情人「黑牡丹」。朋友如遇大赦般地去了，在三天兩夜的火車上，他遐想種種重逢的浪漫，終於，他滿懷憧憬地敲開了「黑牡丹」的家門。

開門的是一個腰圍大於臀圍的黑胖女人，一見面她就興趣盎然地對他大講泡酸菜的經驗。因為當時她正在泡酸菜，滿屋子洋溢著一片酸菜的味道。

這就是令他魂牽夢繞、朝思暮想的「黑牡丹」！？

朋友回到家後，突然發覺妻子竟然與眾不同，妻子也不計前嫌，原諒了他此前的種種不好。從此，兩人過得和和美美。

其實，走了太陽，還有月亮。人生注定要錯過的，那就讓它錯過好了，但我們不能因此而忽視我們眼前的美麗。這才是一種拯救自己的最好方式，只要懷有對生活的夢想，人生就有無數個新的起點。從頭開始，重做選擇吧，永遠不要怕為時已晚。

捕捉靈閃般的機會

彼得·布賴恩·梅達沃（一九一五—一九八七），英國生物學家，也是二十世紀最偉大的科學家之一。一九一五年二月二十八日生於巴西里約熱內盧（其父母都是英國人）。一九三九年畢業於牛津大學，一九四八年在伯明罕大學教授動物學期間獲牛津大學博士學位，一九五一年轉到倫敦大學工作。主要著作有隨筆集《普路托的共和國》《給年輕科學家的忠告》和《科學的限度》等。一九六〇年，因發現獲得性免疫耐受性，獲得該年度諾貝爾生理學或醫學獎。

梅達沃在長期研究生物學的過程中，對待成功與機會有著更深刻的理解。他說：「機遇在科學研究中確實具有一定作用。在屢遭挫折或在科研中無路可覓、山窮水盡之際，科學工作者總愛談論或認為這是自己時運不佳。這並不是說他們認為可以用推理的標準來判斷機遇。對他們的感官而言，幸運的禮物不是一些重要的新現象或事物間相互聯繫的一些現成的東西，而是一種適宜的時機。在這一時刻，他們正確的思維會不斷泉湧而出，以代替各種不正確的思緒。在這一時刻，他們能靈敏地捕獲假說，這一假說不僅從表面上解釋了將要被解釋的事物，同樣也能經受得起未來的嚴峻考驗。」一句話，善於搶佔機會，是成功的關鍵之一。

自然，機遇具有偶然性。一個靈感的閃現，一件簡單事情的思索，一次生命的機遇，撞出了你心靈的火花，於是，你獲得了機會，而且很快走上了成功之路。這種事情是常有的。

有些人總是認為機遇大多具有偶然性，人是不可能對自己的人生做出積極的規劃的。事實上，許多人盡皆知的發明和發現都有著僥倖的成分，譬如，美國學生大多知道這樣一個故事：

一九二八年的某一天，細菌學家亞歷山大·弗萊明的培養皿中碰巧長了黴菌，結果他發現了青黴素這種新藥。然而，這些事例是否真能說明把握機會和取得成功的根本就在於一種機緣巧合呢？試著向世界地圖投擲飛鏢，經過一千次嘗試後，如果恰巧有三枚飛鏢標明的位置發現油田，那麼，這種「飛鏢找石油」的方法是否能夠取代一步一腳印、有組織、有系統地進行石油勘探呢？答案當然是否定的。

愛迪生說過這樣一段話：「我做的任何一件有價值的事情都非偶然，我所有的發明創造也並非出於巧合，而是來源於辛勤的工作。」愛迪生心裡很清楚，發現碳絲作為白熾燈的發光材料絕非偶然。雖然這當中存在偶然的成分，但那也浸透了他和助手整整一年的心血，因為對各種材料他們進行了幾百次的試驗！

機會屬於敢於嘗試的人。

僅僅敢於嘗試也是不夠的。如果一個人僅僅只有這些本事，那麼他扮演的角色最多也不過是「游擊隊員」或「消防員」。而採用「游擊式」的方法來對待機遇，無異於把機遇當作危急關頭的一根救命稻草。而從實際情況來看，機會是一個組合，屬於那些結合時代、創造需要，步伐穩妥的人，屬於那些富有責任感的人。

抓住機遇意味著艱苦而扎實的工作，而非異想天開所能解決的事，更不是憑空妄想；而是一種行為的綜合，即以新穎、新奇的方法把幾種東西結合起來。再有就是，搶佔機會是一種艱苦的勞動。

機會是一種「配合」。首先，它屬於頭腦有準備的人。在把握機會的過程中，人是主要的最為活躍的因素。所謂的「有準備」包括以下幾個方面的內容：你必須具備一定的知識，這是基礎。你必須不斷對身邊的事物進行觀察和思考，積極地尋求你的目標。留意身邊的事物，訓練你對事物的洞察力，強化你的敏感性，提升你的把握力。久而久之，或許一次突然的感悟（哲學上稱之為頓悟）就會讓你茅塞頓開。

機會的產生有一定的時代背景，一次社會的大解放就會催生許多新的機遇。綜觀歷史，無論是哪次社會的進化，生產力發展的需求都為人類提供了許多施展才華的舞臺。一次新的技術革命，總要開闢無數新的崗位。當前經濟全球化、世界一體化，更是使我們有了更多的選擇。知識經濟社會，如果你的知識有效轉化為生產力，轉化為經濟效益，這說明你的知識派上了好用場，你是幸運的。

機會之所以成為機會，與人的辛勤勞動是不可分開的。首先你得有想法、有欲望、有目標，而且這些都要切合實際，絕對不能超越現實，過於異想天開。其次你得努力，機遇有時候並不是那麼外顯，甚至變換身影，需要你去辨認、去琢磨、去思考。關鍵在於你務實的行動。

現在，我們的機遇不是沒有，不是太少了，而是太多了。經濟的持續快速發展，社會的安定團結，思想的解放，人性的自由。從某種意義上說，我們都趕上了好時代，碰到了好機遇。趕快行動吧，大環境已經無聲地配合著你，美好的生活和前景在向你招手，難道你還是一點也不動情嗎？趕快行動吧！

抓住的叫機會；逝去的是瞬間

埃里克·康奈爾（一九六一—），美國物理學家，一九六一年十二月九日生於加利福尼亞州帕洛阿爾托，現為美國科羅拉多大學物理學教授。

二〇〇一年，因在「鹼金屬原子稀薄氣體的玻色—愛因斯坦凝聚態（這一技術將會提高積體電路的密度，從而提高電腦晶片的運算速度）」以及「凝聚態物質性質早期基本性質研究」方面取得的成就，康奈爾與克特勒（德國）、卡爾·維曼（美國）一起榮獲該年度的諾貝爾物理學獎。

二〇〇一年，新世紀第一位諾貝爾物理學獎得主埃里克·康奈爾藉由對物理的形容，為青年人上了很好的一課。

康奈爾認為物理有許多魅力。他打了一個比方，比如去觀看一場歌劇。如果你是一個普通觀眾，你只能看到漂亮的場景；但如果你是導演，你就能看到幕後發生的一切，看到演員是怎樣被組織起來的。如果不研究物理，就像觀眾一樣看到表面的熱鬧；研究物理，你就能看到幕後的玄機。

一九八五年，康奈爾從史丹佛大學物理系畢業。一九九〇年，在麻省理工學院獲得博士學位。之後，他來到科羅拉多大學博多分校，後曾任職於美國國家標準局。

一九九五年，他和同事卡爾·維曼發現了自然界從沒有過的物質——玻色—愛因斯坦冷凝物（BEC）。二〇〇一年，三十九歲的康奈爾和維曼因此而獲得新世紀第一個諾貝爾物理學獎。

埃里克·康奈爾認為自己是一個善於把握機會的人，認為自己的運氣比較好，用他自己的話說：「我是一個幸運的人。」

他說：「在成功的道路上，我覺得你必須成為一個會抓住機會的人。如果有好的東西出現，你必須能拿到它。比如你正在很專注地尋找一個目標，當你看到旁邊還有別的利益可圖時，你也可以拿到它。我的意思是說，方向必須靈活，根據情況來改變，但同時還必須能專注在目標上。」

的確，在成長的道路上，我們常遇到這樣的事情：當理想難以實現，勤奮、毅力和各種方法都無濟於事的時候，突然，一個機遇出現在你的面前，解救了你，使你在事業上有了進展，甚至獲得了成功。

機遇主要指良好的、有利的機會。俗話所說的千載難逢、天賜良機，就是指機遇。機遇的力量是很神奇的，我們都希望在自己人生短短的歷程中多多得到它的惠顧，我們也不惜花費大量的時間和精力為它而準備，並在人生的征途上默默等待它的到來。然而，真正能夠抓住機遇的人卻並不很多，因為機遇好比商品的價格，稍一耽擱，就會變化；它又像市場上的某些暢銷商品，如果能買時不及時買，當你發現了它的價值而再想買時，卻再也找不到了；它還會不斷變換身影，讓你在追尋的過程中感到困惑不堪。古諺說得好，機會老人會先給你一個可以抓的瓶頸，你沒有及時抓住，再摸到的就是抓不住的圓瓶肚了。

要想抓住機會，必須有一種特殊的智慧和能力。

英國著名科學家法拉第是世界上最偉大的物理學家和化學家之一。他出身貧苦，十二歲上街賣報，十三歲起在裝釘書店當了八年學徒。雖然他酷愛讀書，認真鑽研了有關電學的論述，還盡可能利用機會做點小實驗，但若不是因為碰巧英國著名學者大衛到那裡做學術演講，若不是法拉第想盡辦法弄到一張入場券，也許他倆就不會認識；若不是法拉第具備非凡的智慧和能力，他就更不可能得到大衛的賞識。正是由於這種特殊的機遇，在大衛的推薦下，法拉第才在皇家學會實驗室當上了助手，開始走上了新的學習和研究的道路。

進化論的奠基者達爾文也是一個善於利用機遇的人。一八三一年，海軍勘探船「貝格爾」號將作環球旅行，需要一位自然科學家。達爾文看出這是進行生物考察的大好時機，當即表示願去，但這一決定卻遭到了父親的強烈反對。後來他經過很大的努力，爭取到舅父的贊助，才達到目的。不難想像，如果失去這次機會，《物種起源》這部巨著也許永遠不會問世。

機會到處都有，就看你是否抓得住。是否抓得住，除了看你的智慧、能力外，還要看你的心態。

很多人抱怨沒有機會，他們認為一切好的機會都已被人捷足先登了，所以只好坐吃山空。「沒有機會」，這是失敗者的託詞，有志氣的人是不會這樣怨天尤人的。他們在做事前密切觀察留意機會，在工作過程中則盡可能利用一切可以利用的時機。他們不等待機會，他們創造機會。

馬其頓國王亞歷山大大帝在打了一次勝仗之後，有人問他，假使有機會，他想不想把第二個城市攻佔。「什麼？」他怒吼起來，「機會！機會是我自己製造的！」世界上真正缺少的，就是那些能夠創造機會的人。

有些人總是有點眼高手低，他們希冀一個突然的機遇把自己從地獄送到天堂，眨眼之間便具有了值得大肆炫耀的工作，一夜之間就一舉成名。他們往往為著一心要摘取遠處的玫瑰，反而將近在腳下的菊花踩壞，他們忘記了大事業要從小處著手。

把興趣培養成專長

赫伯特．豪普特曼（一九一七—），美國數學家、化學家。一九一七年二月十四日出生，一九三七年在紐約城市大學獲數學學士，一九三九年在哥倫比亞大學獲數學碩士，一九五四年獲得馬里蘭大學X射線晶體學博士。

一九八五年，因與傑羅姆．卡爾勒一起開發了應用X射線衍射確定物質晶體結構的直接計算方法，榮獲該年度諾貝爾化學獎。

豪普特曼在給青年人的建議中這樣寫道：「科學的進步已經為技術的快速發展提供了可能，而現代社會的發展又極大地依賴於這種技術的進步。可以肯定的是，這一趨勢在下個世紀（注：二十一世紀）還會加快。因此，使公眾理解科技發展的重要意義並掌握一些現代科學的基本知識是非常重要的。我只能夠根據我個人的經歷提一些建議。我建議，每個人都儘快地學習他最感興趣、最為滿意的事情，並能嚴肅地對待它。」

赫伯特．豪普特曼的建議明確地指出：在選擇職業時非常重要的一點是不要追隨潮流，而要堅持自己內心的感覺，要憑自己內心的喜好來確定自己該做什麼，因為往往你喜好的才能成為你擅長的。

烏姆貝托像許多大學生一樣，茫然地迎接了大學畢業。他完全不能肯定自己究竟想做什麼。他擔任了一所小學的社工職位。由於他喜歡與人打交道，因此他對這個工作還算滿意。在這之前，他作為家裡的獨子，處處受到呵護，接觸面很狹窄；而這個工作卻使他接觸到了前所未知的眾多生活層面，增長了閱歷。但是，幾年後，他對這份工作感到厭倦了。他認為自己有興趣和才幹，也有獨創性和精力，應該把這些優勢用在更有成就感的事業上。因此，他想找一個對他來說更正確的職業。妻子也鼓勵他立即辭掉工作，但他不願意讓妻子獨自承擔每月數目不小的生活開支。因此，他決定等確定真正的興趣後再更換工作，免得跳來跳去。後來，他終於明白自己最樂意做的就是接待客人。

他辭掉工作，成為一家速食連鎖店的職員。他的薪資比原來的一半還要少，但他的家庭已做好了節衣縮食以度過暫時難關的打算。此後的十八個月是烏姆貝托一生中最艱苦然而卻又最愉快的日子。他進步很快，終於成了連鎖店中最大的一家零售店的經理。

獲得經營餐飲業的經驗後，他決定創辦自己的事業，辦起了一家有二十名員工的「宮殿」餐廳。

幾年後，「宮殿」成為當地一家頗有名氣的餐廳。憑藉興趣，他成功了。

每個人都應該認真地審視自己從事的工作，清楚地分析出自己為何要從事這項工作，這項工作的終極目的何在。選擇自己喜歡的事做，這樣才能更好地發揮我們的潛質和才能。我相信我們每個人都有這樣的體驗，若是感興趣的，我們會全身心地投入進去，而這正是成大事所必須的狀態。所以要時時弄清楚自己的定位，唯有如此，才能在工作及日常生活中獲得極大的快樂，而這份快樂，將為我們帶來更多的朋友和更大的財富。

每個人都追求成功，那麼你如何為「成功」下定義？很多人以為成功與否是由別人來評價的。實際上，你的成功與否只有你自己能做評判。絕對不要讓其他人來定義你的成功，只有你能決定你要成為什麼樣的人、做什麼事，只有你知道什麼能使你滿足、什麼能令你有所成就。

你首先應該知道的是：你是獨特的，是絕無僅有的，是獨一無二的，你有自己的個性、背景、觀點、處世態度及人際關係，沒有人可以取代你，也就是說你的存在絕對有無法取代的價值。你的使命終究只能靠你自己來完成，它是你人生的目標，是獨一無二、專屬於你自己的，它值得你用全部的精神、力量去追求。

我們生活在一個為我們提供了無限機會的年代。這些選擇的機會讓我們達到極大的自

由，但同時也給我們帶來了困惑。有很多人抱怨不知道自己真正喜歡做什麼。造成這種局面的原因是他們多年來壓抑自己的願望，忽略了自己內心真實的想法，他們總是急於模仿他人，卻忘記了真實的自我。

這樣不瞭解自己的人是不可能獲得成功的。老子說：「知人者智，自知者明。」如果你對自己想做什麼非常清楚，你的願望極端明確，那麼使你成功的條件很快就會出現。遺憾的是對自己的願望特別清楚的人並不是很多。因此，如果你想要成功，你就需要清楚地瞭解自己的雄心壯志和願望，並使它們在你的內心逐漸明晰起來。

知道自己想做什麼是成功的重要因素之一。許多人都經歷過自我懷疑和不確定的時期，有人甚至走入了死胡同。要想改變這種狀況，就需要放鬆自己，退回到自己的內心世界，讓你的思緒和想像力自由飛翔，回憶你在奮鬥的道路上放棄的夢想。要知道這些夢想常常包含著那些真正適合你的人生的職業。把你的思想交給你的下意識，讓它來幫助你找到你真正的願望。

每個人都應該依靠自己所擁有的天賦生活。我們必須把精力集中於那些我們力所能及、我們擁有以及理解的事物。遺憾的是，很多人傾向於更多地去關注那些無力做到的事物、不能擁有的事物，或者自己所不理解的事物，所以很多人奮鬥多年卻無法取得成功。

我們每個人都各有所長和所短。很多人將精力集中於自己的短處，以為在這裡找到了自己為何不成功的原因，因而把很多精力放在如何改正自己的缺點上。但他們不知道，多數的短處完全不會影響我們的成功。

「最好的玫瑰花不是那些長刺最少的，而是開花最絢麗的。」沒有人僅僅因為他減少了他的弱點而變得富有，比這更重要的，是發揚你的長處。很多勤奮的人想的只是讓自己成為一個沒有缺點的人，他們不斷鞭策自己，避免自己成為懶人，讓自己敬業，每天比別人工作的時間都長。他們以為這樣就會離成功越來越近，但現實卻往往讓他們失望。因為他們忽視了更重要的一點，那就是發現自己的長處，並最大限度地發揚它。

當你克服了一個弱點時，你並不由此實現了什麼，除了你不再有這個弱點之外，你並沒有因為這樣而擁有更多的財富和成就。在發揚長處之前，你仍是平庸之輩。因此我們應該發揚長處，因為只有它才能讓我們變得富有。

每個人都有其不可替代的特長，我們應該運用自己的創造力創造自己的未來。如果我們要想得到自己所嚮往的未來，就必須按自己的特點塑造自己，充分發揮自己的才能。

或許，剛開始的時候，我們的確很難確定自己的目標。社會那麼複雜，要在三百六十行中選出一個完全合乎自己理想和要求的工作的確不容易。因此，我們不妨多實際去參與各種工作和職業，隨著經驗的增多，對自己的優勢自然而然也就明瞭了。

知彼知己，百戰百勝。正確認識自己是面對人生和事業，解決一切問題的第一步。只有瞭解自己的優點，知道自己適合做什麼，才能揚長避短，充分發揮自己的潛能。然而「知己」如同「知彼」一樣，都不是容易的事。著名作家賈平凹曾深有感觸地說：「要發現自己並不容易，我是花了整整三年時間！」

一般來說，在人的成功之路上，要想真正瞭解自己的優點與特點，則須從以下多方面進行全方位考慮：個人興趣與特長，個人性格，個人能力。如果一個人能把所有精力都投入到自己的強項上，那他必然會有所建樹！

常言道：「男怕入錯行，女怕嫁錯郎。」而如今的社會，是所有的人都怕入錯行。

隨著時代進步、科技發展，社會勞動分工日趨精細，社會上的行業與職業的劃分也越來越細。究竟要經營什麼行業的生意為好，通常並不是憑人的主觀願望或興趣所能決定的。也就是說，並非一個人自己想做什麼，就一定能做得了，還要考慮這個人本身的經驗學識與能力，以及社會需求等條件。通常人們應該做的是：懂哪行做哪行，哪行有把握就做哪行，直到做好為止。

特長是一個人最熟悉、最擅長的某種技藝，它最容易表現一個人在某一方面的能力和才華。事實證明，能夠發揮個人特長的事業是你最容易取得成功的事業。因此，當你選擇了能夠發揮你的最大特長的事業時，實際上就意味著你已經在創業的道路上步入了成功的開端。

讓興趣成為你的目標

保羅．博耶，美國生物化學家。一九一八年生於美國猶他州。一九三九年獲得楊百翰大學化學學士學位。一九四三年獲得威斯康辛大學生物化學博士學位。博耶曾在史丹福大學從事血清白蛋白安定劑的戰時研究計畫，在那裡他開始研究氧化的磷酸化作用。一九六三年後，他一直在洛杉磯加利福尼亞大學擔任化學和生物化學系的教授。一九九七年，因闡明了腺三磷（ATP）合成的基本酶學機制，榮獲該年度諾貝爾化學獎。

保羅．博耶在對青年人談幾點看法時提到：

「無論從事科學事業或在其他領域工作都有大量機會，但是如果只有各種美好的想法，而從未想到失敗，這是很不可取的。保持廣泛的興趣，同時要在某個領域深造，我們生活在這樣一個世界裡，只有把每項專業知識結合起來，才有可能使人類取得明顯的進步。

「你們應當探索各種出路，找出你們感興趣並適合你的條件和潛能的領域，不要花過多的精力去苛求完成你力不能及的事情。如果你的作為以某種方式對他人做出了貢獻，或者為知識的寶庫添加了一點新庫存，你就會在以後的日子裡感到巨大的滿足。這樣，你們就可以說你們已經竭盡全力了。生活中有許多障礙，努力工作的人不一定都能得到厚報，如果你的工作增長了你欣賞這個奇妙世界的能力，那麼你就是幸福的。如果你能夠在盡力做事的同時，花時間珍愛你周圍的人和事，你會感到由衷的高興，你會引以為自豪並熱愛生活。我祝你們一切都好！」

保羅·博耶認為：沒有目標，任何事情都不可能發生，一個人也不可能採取任何步驟。如果一個人沒有目標，就只能在人生的旅途上徘徊，永遠到不了任何地方。

美國總統羅斯福的夫人年輕時從班寧頓學院畢業後，想在電信行業找一份工作，她的父親就介紹她去拜訪當時美國無線電公司的董事長薩爾洛夫將軍。薩爾洛夫將軍非常熱情地接待了她，隨後問道：「你想在這裡從事哪份工作呢？」

「隨便。」她答道。

「我們這裡沒有叫『隨便』的工作，」將軍非常嚴肅地說道，「成功的道路是由目標鋪成的！」

沒有奮鬥的方向，就會活得混混沌沌；準確地把握好自己的喜好和追求，是走向成功的第一步！雖然長短各有不同，但每個人都被賦予了一次生命。遺憾的是，很多人回首人生的旅程時，帶著悔恨、失望，他們會忽然驚覺自己的旅程沒有目的地。大多數人幻想他們的生命是永恆不朽的。他們浪費金錢、時間以及精力，從事所謂的「消除緊張情緒」的活動，而不是從事「達到目標」的活動。他們每週辛勤工作，賺夠了錢，在週末又把它們全部花掉。

這就是太多的勤奮人的作為。他們外表看起來很讓人敬佩，因為他們兢兢業業，但等他們老了，卻感到自己的一生過得並不精彩。相比之下，一些外表並沒有他們勤奮的人卻取得了比他們更大的成就，過著比他們更好的生活，這讓勤奮卻庸碌的人百思不得其解。他們既感到失落，又不明所以。他們不明白，自己付出的努力絕不比那些成功的人少（因為自己幾乎沒有放棄過任何能夠工作的時間，那些人的工作時間也不可能比他們長），那麼別人是怎樣實現那樣大的目標，過上那樣好的生活呢？

他們不明白的秘訣就是，所有成功的人士都有一個突出的個性：就是做事都有明確的目標。

目標是對於所期望成就的事業的真正決心，太多的人無法達成他們的理想的原因只是他們從來沒有真正定下生活的目標。

有這樣一個寓言：一位發明家製作了一個最新模型。他製作的模型有無數的齒輪、滑輪和電燈。一按按鈕，齒輪就動起來，而且燈會亮。有人問：「這個機器是做什麼的？」發明家回答說：「它什麼也不做，但是，它的運轉不是挺優美的嗎？」

成功人士總是事前決斷，而不是事後補救的。他們提前謀劃，而不會等別人的指示，他們不允許其他人操縱他們的工作進程。目標能使我們事前謀劃，迫使我們把要完成的任務分解成可行的步驟。要想製作一幅通向成功的交通圖，你首先應有目標。正如十八世紀發明家兼政治家富蘭克林在自傳中說的：「我總認為一個能力很一般的人，如果有個好計畫，是會有所作為的。」

沒有目標就不可能成功，一些完美的計畫實際上是相當簡單的。每一個大公司都是從小公司發展起來的，在大公司的背後一般都有一批有理想、有熱情的個人，正是這些人心中懷有的堅定目標把公司帶向了成功的彼岸。

優秀的企業或組織一般都有十年至十五年的長期目標。管理人員時常會反問自己：「我們希望公司在十年後是什麼樣子？」然後根據這個設想來規劃企業應該做什麼。工作並不是為了適應今天的需求，可能是要滿足五年、十年以後的需求。各研究部門也是在針對十年或十年以後的產品進行研究。

生活也是一樣，我們也應該計畫十年以後的事。

目標的作用主要體現在以下幾方面：

目標一旦定下，它就會成為你努力的依據，也是對你的鞭策。可以說，目標給了你一個看得見的靶子。隨著這些目標的實現，你的心中會越來越有成就感。制定目標和實現目標有點像一場比賽，隨著時間的推移，你實現了一個又一個目標，這時你的思維方式和工作方式又會漸漸改進。

制定目標有一點很重要，那就是目標必須是具體的，可以實現的。如果計畫不具體，無論它是否實現了，都會使你的積極性有所降低。這是因為向目標邁進時所產生的成就感是動力的源泉，如果你無法知道自己向目標前進了多少，你就會洩氣，甚至放棄。目標要具體，也就是說，你必須確定你想要的財富的數目，而不能空泛地想：我這一生要賺很多錢。

許多工作勤奮的人甚至是具有成功潛質的人，都沒有一個具體的目標。想一想你的目標是什麼？是每月賺兩千塊錢、五千塊錢還是幾萬塊錢？不要空泛地說「我需要很多很多錢」，那樣沒有用，你必須確定你追求的成功的具體評價標準。你對目標制定得越周到，對它的檢視越仔細，越認真，成功的希望越大。由此可見，設定一個具體可行的目標是必要的。試著每星期花一個小時，檢視自己的目標，評估自己的表現，並為下一步行動做計畫書。

你花在檢視自我人生目標上的時間越多，你的目標就越能夠與你的人生結合。但是千萬不要以紙上談兵代替實際行動。要知道，沒有行動，再好的目標也是一紙空文。

當然，任何遠大的目標都是不可能一蹴而就的。為了實現遠大的目標，你還得建立相應的中期目標與近期目標，由近期目標逐步向中期目標推進，再由中期目標實現遠大的目標。這樣才能切切實實地看到財富的積累，從而增加成功創造財富的希望，並最終達到創造財富的目的。

大目標都是由小目標組成的。每個大目標的實現都是從幾個小目標、小步驟起一步一步踏踏實實向前推進的結果，所以，如果你集中精力處理當前手上的工作，心中時刻記住你現在的努力都是為實現將來的目標鋪路，那你就能成功。

設定目標還有個好處，那就是有助於你評估工作的進展。不成功者有個共同的問題，就是他們極少評估自己取得的進展。他們大多數人或者不明白自我評估的重要性，或者無法衡量取得的進步。

而目標提供了一種自我評估的重要手段。如果你的目標是具體的，看得見摸得著的，你就可以根據自己距離最終目標有多遠來衡量目前取得的進步。

下面是六個具體實現目標的「黃金」步驟：

（一）簡單地說「我需要很多、很多的錢」是沒有用的。你要在心裡，確定你希望擁有的財富的具體數字。

（二）確確實實地決定，你將會付出什麼努力與多少代價去換取你所需要的成就。

（三）沒有時間表，你的船永遠不會到達彼岸。所以要規定一個固定的日期，一定要在這日期之前把你想要的錢賺到手。

（四）擬訂一個實現你的理想的可行性計畫，並馬上進行。耽於幻想，而不去行動，目標就永遠是空中樓閣。

（五）將以上四點清楚地寫在紙上，不要僅僅依靠你的記憶力，而一定要體現為白紙黑字。

（六）每天兩次大聲朗讀你的計畫，比如在晚上睡覺以前，在早上起床之後。而且你朗讀的時候，就想像自己已經看到、感覺到並深信你已經擁有這些成就。

工作與興趣的結合是智慧的表現

弗雷德里克・桑格（一九一八—），英國生物化學家，一九一八年八月十三日出生於英國格洛斯特郡，父親是醫生。從布萊恩斯滕高中畢業後，進入劍橋大學聖約翰學院，並於一九三九年完成自然科學文學士學位，後來轉而對生物化學感興趣，一九四三年獲哲學博士學位。

一九五八年，因「測定了胰島素分子結構，為人工合成胰島素做出了重要貢獻」，榮獲該年度諾貝爾化學獎；一九八〇年，又因「設計出一種測定DNA（去氧核糖核酸）內核苷酸排列順序的方法」，與W・吉伯特、P・伯格共獲該年度諾貝爾化學獎。這使他成為繼瑪麗・居里、萊納斯・鮑林、約翰・巴丁之後第四位兩度獲得諾貝爾獎及唯一獲得兩次化學獎的人。

兩次獲得諾貝爾化學獎，桑格在他的領域內可謂成就卓越，在談及自己成功的原因時，他這樣說道：

有時候我問自己：要獲得諾貝爾獎，什麼是我必須做的？我的答案是：「我不知道，我從沒試過。」但我知道，如果投身於科學研究的主要目的就是為了得獎，而且一直千方百計地考慮如何才能得獎，這樣的人是不會成功的。要想在科學領域真正有所成就，你必須對它有興趣，你必須做好進行艱苦的工作和遇到挫折時不會太洩氣的思想準備。

正如弗雷德里克·桑格所說，我們無法保證，每天都是在做自己喜歡的工作；就算你有跳槽的本領，也不可能找到完全符合你興趣的工作，而且，每一篇「求職者須知」都告訴你要適應工作，而不是讓工作來適應你。因此，我們在面對自己不喜歡的工作時，也要保持一定的熱情，讓自己把工作與興趣結合起來。

許多人認為，所謂工作，就是一個人為了賺取薪水而不得不做的事情。另一部分人對工作則抱著大不相同的見解，他們認為：工作是施展自己才能的載體，是鍛鍊自己的舞臺，是實現自我價值的工具。

日本M電機公司的科長山田先生曾表示：之所以有的員工認為工作是為了賺取薪水而不得不做的事情，是由於他們都缺乏對工作的興趣。他以一種非常遺憾的口吻講述了他自己年輕時候的教訓：

山田先生從大學畢業進入M電機公司之初，被派往財務科就職，做一些單調的記帳工作。由於這份工作連中學或高中的畢業生都能勝任，山田先生覺得讓自己這個大學畢業生來做這種枯燥乏味的工作，實在是大材小用。於是他無法在工作上全力投入，加上山田先生大學時代成績非常優異，因此，他更加輕視這份工作。因為他的疏忽，工作時常發生錯誤，從而遭到上司責罵。

山田先生認為，假如自己「當時能夠不看輕這份工作，好好地學習自己並不專長的財務工作，便能從財務方面瞭解整個公司，這樣一來，財務工作就會變得很有趣」。然而由於他自己輕視這份工作而使學習的良機從手中流失，直到後來，財務仍是山田先生薄弱的環節。

由於山田先生對財務工作沒有全力以赴，以至於被認為不適合做財務工作而被降至營業部門。但身為推銷員，又必須周旋於激烈的銷售競爭中，於是又陷入窘境；這對山田先生而言，又是一種不滿。他並不是想做一個推銷員才進入這家公司，他認為如果讓他做企劃方面的工作，一定能夠充分發揮他的才能；但公司卻讓他做一個推銷員而任人驅使，實在令人抬不起頭。所以，他又非常輕視推銷的工作，盡可能設法偷懶。因此，他只能達到一個營業部職員最低的業績標準。

現在回想起來，如果當時能夠不輕視推銷工作而全力以赴，山田先生就能夠磨練自己在人際關係上的應對進退能力，並能培養準確掌握對手心態的方法，這些能力在日後都將大有用武之地。然而，山田先生當時卻一味敷衍了事，以至於後來仍對自己人際關係的能力沒有自信，這對目前的山田先生而言，也是非常薄弱的一環。

山田先生因此喪失了作為一個推銷員的資格，並被調至調查料。與過去的工作比較起來，似乎調查工作最適合山田先生。

但由於過去五年左右的時間，山田先生非常馬虎的工作態度，使他的考核成績非常不理想：當同期的夥伴都已晉升為科長時，只有他陷入裹足不前的窘境。

這對於山田先生是一個非常深刻的教訓。過去公司所有指派的工作，對於山田先生而言都各具意義。然而，由於山田先生只看到工作的缺點，以致無法瞭解這些工作乃是磨練自己弱點的最佳機會，也就無法從工作中學習到經驗而遺憾至今。

大多數的人未必一開始就能獲得非常有興趣的工作或非常適合自己的工作；倒是有相當一部分的人，剛開始都被派做一些非常單調呆板的工作，於是認為自己的工作枯燥無味或抱怨公司一點都不能發現自己的才能因而馬虎行事，以致無法從該工作中學到任何東西。

對待任何工作，正確的態度應是：耐心去做這些單調的工作，以培養出克己的心志。如果最初無法培養這種克己的心志，漸漸地便難以忍受呆板單調的工作，而一個又一個地調換工作場所，並慢慢地被調到條件差的工作崗位，就會逐漸成為無用的人。所以即便是單調且無趣的工作，也應該學習各種富有創意的方法，使該工作變得更為有趣且富有意義。

攀比既費時又費力

喬治·安德魯·歐拉（一九二七—），美籍匈牙利化學家。一九二七年五月二十二日生於匈牙利首都布達佩斯的一個律師家庭，一九四九年在布達佩斯工業大學獲博士學位，一九五七年移居美國進入道氏化學公司工作，一九六七年在凱斯西部大學任教，一九七一年入美國籍，一九七七年進入南加州大學洛克爾碳氫化合物研究所工作，一九九一年出任該所主任。

一九九四年，因「發現了使碳陽離子保持穩定的方法，在碳正離子化學方面的研究」，歐拉榮獲該年度諾貝爾化學獎。

歐拉對年輕人說：「要做你真正感興趣的事，盡力做到最好，其他不用去考慮，一切都會來到。」

我們何必總是羨慕別人的才能、幸運和成就呢？俗話說，人比人，氣死人。你若總是希望別人的美麗草地變成自己的，這不過是空想，而且越想越覺得自己不如別人。其實你並不比別人差，甚至有可能比他強！

一百多年前，美國費城有幾個高中畢業生因為沒錢上大學，他們只好請求仰慕已久的康惠爾牧師教他們讀書。康惠爾牧師答應教他們，但他又想到還有許多年輕人沒考上大學，要是能為他們辦一所大學那該多好啊！於是，他四處奔走，向各界人士募捐籌辦一所大學。當時辦一所大學大約需要投資一百五十萬美元，而他辛苦奔波了五年，連一千美元也沒籌募到。一天，他情緒低落地走向教室，發現路邊的草坪上有成片的草枯黃歪倒，很不像樣。他便問園丁：「為什麼這裡的草長得不如別處的草呢？」

園丁回答說：「您看這裡的草長得不好，是因為您把這裡的草和別處的草相比較的緣故。我們常常是看別人的草地，希望別人的草地就是我們自己的，卻很少去整治自己的草地！」

這話使康惠爾怦然心動，恍然大悟。此後，他積極探求人生哲理，到處向人們演講「鑽石寶藏」的故事：有個農夫很想在地下挖到鑽石，但在自己的地裡一時沒有挖到。於是，他賣了自己的土地，四處尋找可以挖出鑽石的地方；而買下這塊土地的人堅持辛勤耕耘反倒挖到了「鑽石寶藏」。康惠爾向人們講道：財富和成功不是僅憑奔走四方發現的，它屬於在自己的土地上不斷挖掘的人，它屬於相信自己有能力「整治自己的草地」的人！由於他的演講發人深省，很受歡迎。七年後他賺得八百萬美元，終於建起了一所大學。如今他所籌建的高等學府依然屹立在費城，並且聞名於世。

這個啟示很重要，也很實在。人似乎總是難免要和別人相比，和別人比金錢、比相貌、比身世、比學習、比學歷、比房子、比老婆老公、比孩子……比來比去，全無盡頭。

比來比去的結果又是怎樣呢？對於大多數人來說，其結果只是給自己帶來更多的不滿、抱怨、抑鬱、怨恨等諸多負面影響，給自己的生活、工作帶來更多的不快樂。要知道「人外有人，天外有天」，即便人登上了珠穆朗瑪峰，他也沒有頭頂的天高，坐上了總統的寶座，卻還是只能統治一國而不是整個宇宙……人的欲望沒有滿足，但人的能力與精力卻總是有限的，不可能事事都能達成所願。

當然，與人相比也並非全無是處，它可以給我們一個更明確的目標參照，讓我們有更明確的努力方向……但是和他人相比，總是不如和自己相比更有激勵性，因為一個人只有不斷超越自己才是真正的超越，才能不斷地攀上一座又一座的高峰。

況且，每個人的身邊都總有強過自己的人，如果我們不能超越時，盲目的攀比與執著只會給我們帶來心理的失衡——因為人無完人，每個人都有不足，我們要勇於承認缺點，不要過於苛求自己。盲目地與他人相比，只會給自己帶來自卑，帶來心理的偏激，帶來更多的痛苦和自責。

老子說過：「夫唯不爭，故天下莫能與之爭。」一個人只要不和他人爭，而是堅持自我的提升，也就沒有人能爭得過他。和別人相比，若一時失去了對手，就會很容易失去前進的動力；但和自己相比，會永遠追求比今天更大的進步。這樣，一個人才能永不停止地前進。

現在就動吧！不再等待

尚・保爾・沙特（一九〇五—一九八〇），法國哲學家和作家。生於海軍軍官家庭，兩歲喪父，由外祖父撫養成人。一九二四年考入巴黎高等師範學校，畢業後參加教師學銜會考，以第一名的成績取得哲學教師資格，並結識了名列第二、他志同道合的終身伴侶——西蒙波娃。一九三一年至一九三三年在外省任中學教師，一九三三年到德國研究胡塞爾學說，開始形成自己的存在主義哲學思想體系。一九三四年繼續任教並開始寫作。一九三九年應徵入伍，一九四〇年在前線被俘，一九四一年僥倖獲釋回到巴黎，開始了他對社會、政治、哲學和文學的研究。

沙特一生筆耕不輟，為後人留下了五十卷左右的論著。哲學著作有《存在與虛無》（一九四三）、《存在主義是一種人道主義》（一九四六）、《辯證理性批判》（一九六〇）、《方法問題》（一九六九）等。文學方面主要是《噁心》（一九三八）、《自由之路》三部曲（一九四五—一九四九）、短篇小說集《牆》等小說。

一九六四年，「因為他那思想豐富、充滿自由氣息和探求真理精神的作品，已對我們時代發生了深遠影響」，榮獲該年度諾貝爾文學獎，但因為他「謝絕一切來自官方的榮譽」，沙特拒絕領獎。

這位個性突出的哲學家曾說：「希望是人的一部分；人類的行動是超越的，那就是說，它總是在現在中孕育，以現在朝向一個未來的目標，我們又在現實中設法實現它；人類的行動在未來找到它的結局，找到它的完成；在行動的方式中始終有希望在。」

大多數的人，在開始時都擁有過很遠大的夢想；因缺乏立即行動的個性，夢想於是開始萎縮，種種消極與不自信的思想衍生，甚至於就此不敢再存任何夢想，過著隨遇而安、樂於知命的平庸生活。這也是為何成功者總是佔少數的原因。你是否真心願意在此刻為自己的理想認真地下定追求到底的決定，並且馬上行動？

有一位幽默大師曾說：「每天最大的困難是離開溫暖的被窩走到冰冷的房間。」他說得不錯。當你躺在床上認為起床是件不愉快的事時，它就真變成一件困難的事了。即使這麼簡單的起床動作，把棉被掀開，同時把腳伸到地上的自動反應，都可以擊退你的恐懼。

那些大有作為的人物都不會等到精神好的時候才去做事，而是推動自己的精神去做事的。「現在」這個詞對成功的妙用無窮，而「明天」「下個禮拜」「以後」「將來某個時候」或「有一天」，往往就是「永遠做不到」的同義詞。有很多好計畫沒有實現，只是因為應該說「我現在就去做，馬上開始」的時候，卻說「我將來有一天會開始去做」。

我們用儲蓄的例子來說明好了。人人都認為儲蓄是件好事。雖然它很好，卻不表示人人都會依據有系統的儲蓄計畫去做。許多人都想儲蓄，只有少數人真正做到了。這裡是一對年輕夫婦的儲蓄經過：

比爾每個月的收入是一千美元，但是每個月的開銷也要一千美元，收支剛好相抵。夫婦倆都很想儲蓄，但是往往會找些理由使這個行動無法開始。他們把「加薪以後馬上開始存錢」「分期付款還清以後就要……」「度過這次困難以後就要……」「下個月就要」「明年就要開始存錢」之類的話說了好幾年。

最後還是他太太珍妮不想再拖，她對比爾說：「你好好想想看，到底要不要存錢？」

比爾說：「當然要啊！但是現在省不下來呀！」

珍妮這一次下定決心了。她接著說：「我們想要存錢已經想了好幾年，由於一直認為省不下，才一直沒有儲蓄，從現在開始要認為我們可以儲蓄。我今天看到一個廣告說，如果每個月存一百元，十五年以後就有一萬八千元，外加六千六百元的利息。廣告又說『先存錢，再花錢』比『先花錢，再存錢』容易得多。如果你真想儲蓄，就把薪水的十％存起來，不可移作他用。我們說不定要靠餅乾和牛奶過到月底，只要我們真的那麼做，一定可以辦到。」

比爾夫婦為了存錢，起先幾個月盡量節省，當然吃盡了苦頭，才留出這筆預算。現在他們覺得「存錢跟花錢一樣好玩」。

想不想寫信給一個朋友？如果想，現在就去寫。有沒有想到一個對於生意大有幫助的計畫？馬上就開始。時時刻刻記著富蘭克林的話：「今天可以做完的事不要拖到明天。」這也就是我們俗話所說的「今日事，今日畢」。

如果你時時想到「現在」，就會完成許多事情；如果常想「將來有一天」或「將來什麼時候」，就將一事無成。

夢想是成功的起跑線，決心則是起跑時的槍聲。行動猶如跑步者全力的奔馳，唯有堅持到最後一秒的，方能獲得成功的錦標。

行動是實現目標的唯一方法

一九九〇年諾貝爾文學獎得主墨西哥詩人奧克塔維奧．帕斯曾說：「我的面前是一堵牆，牆上貼著一張告示：你的未來從這裡開始！」

這句話激勵著帕斯走向成功，也為年輕人指明了實現理想的一個最重要因素——行動。只有幻想而不採取行動的人，永遠不會成功。因為行動是實現理想的唯一途徑。

行動是實現目標的手段——沒有行動就無法接近你真正的人生目標。但對大多數人來說，行動的死敵是猶豫不決，即碰到問題，總是思前想後，不能當機立斷，從而失去最佳的機遇。這是一個人在走上成功之路前必須力戒的一點。

「快！快！快！為了生命加快步伐！」這句話常常出現在英國亨利八世統治時代的留言條上用以警示人們，旁邊往往還附有一幅圖畫，上面是沒有準時把信送到的信差在絞刑架上掙扎。當時還沒有郵政事業，信件都是由政府派出的信差發送的，如果在路上延誤信差就要被處以絞刑。

在古老的、生活節奏緩慢的馬車時代，用一個月的時間歷經路途遙遠而危險的跋涉才能走完的路程，我們現在只要幾個小時就可以穿越。但即使在那樣的年代，不必要的耽擱也是犯罪。

成功有一對相貌平凡的雙親——守時與精確。每個人的成功故事都取決於某個關鍵時刻，在這個時刻一旦猶豫不決或退縮不前，機遇就會與人失之交臂，而且再也不會重新出現。

麻薩諸塞州的州長安德魯在一八六一年三月三日給林肯的信中寫道：「我們接到你們的宣言後，就馬上開戰，盡我們的所能，全力以赴。我們相信這樣做是美國和美國人民的意願，我們完全廢棄了所有的繁文縟節。」一八六一年四月十五日那天是星期一，他在上午從華盛頓的軍隊那邊收到電報，而第二個星期天上午九點鐘他就作了這樣的記錄：「所有要求從麻薩諸塞出動的兵力已經駐紮在華盛頓與門羅要塞附近，或者正在去往保衛首都的路上。」

安德魯州長說：「我的第一個問題是採取什麼行動，如果這個問題得到回答，第二個問題就是下一步該做什麼。」

英國社會改革家喬治·羅斯金說：「從根本上說，人生的整個青年階段，是一個人個性成形、沉思默想和希望受到指引的階段。青年階段無時無刻不受到命運的擺佈——某個時刻一旦過去，指定的工作就永遠無法完成，或者說如果沒有趁熱打鐵，某種任務也許永遠都無法完工。」

據說，在企圖擊敗拿破崙的滑鐵盧戰役中，那個性命攸關的上午，格魯希因為晚了五分鐘而慘遭失敗。布呂歇爾按時到達，而格魯希晚了一點。就因為這一小段時間，拿破崙就被送到了聖赫勒拿島上，從而使成千上萬人的命運發生了改變。有一句家喻戶曉的俗語幾乎可以成為很多人的格言警句，那就是：

任何時候都可以做的事情往往永遠都不會有時間去做。

非洲協會想派旅行家利亞德到非洲去，人們問他什麼時候可以出發。他回答說：「明天早上。」當有人問約翰·傑維斯（即後來著名的溫莎公爵），他的船什麼時候可以加入戰鬥，他回答說：「現在。」

與其費盡心思地把今天可以完成的任務千方百計地拖到明天，還不如用這些精力把工作做完。而任務拖得越後就越難以完成，做事的態度就越是勉強。在心情愉快或熱情高漲時可以完成的工作，被推遲幾天或幾個星期後，就會變成苦不堪言的負擔。在收到信件時沒有馬上回覆，以後再想起來回信就沒那麼容易了。許多大公司都有這樣的制度：所有信件都必須當天回覆。

當機立斷常常可以避免做事情的乏味和無趣。拖延則通常意味著逃避，其結果往往就是不了了之。做事情就像春天播種一樣，如果沒有在適當的季節行動，以後就沒有合適的時機了。無論夏天有多長，也無法使春天被耽擱的事情得以完成。某顆星的運轉即使僅僅晚了一秒，它也會使整個宇宙陷入混亂，後果不可收拾。

「沒有任何時刻像現在這樣重要，」愛爾蘭女作家瑪麗．埃及奇沃斯說，「不僅如此，沒有現在這一刻，任何時間都不會存在。沒有任何一種力量或能量不是在現在這一刻發揮著作用。如果一個人沒有趁著熱情高昂的時候採取果斷的行動，以後他就再也沒有實現這些願望的可能了。所有的希望都會消磨，都會淹沒在日常生活的瑣碎忙碌中，或者會在懶散消沉中流逝。」

只做自己喜歡的，不要分散注意力

厄溫．內爾（一九四四—），德國生理學專家，德國馬克斯—普朗克研究所所長。

一九九一年，因發現細胞中存在單一離子通道，從而闡明了糖尿病纖維化囊腫等疾病的發病機理，同時發明了膜片鉗技術，在神經科學及細胞生物學界產生了革命性的影響。

同年與另一位德國科學家薩克曼共獲諾貝爾生理學或醫學獎。

厄溫．內爾曾忠告年輕人說：「年輕人應該做自己喜歡的事情，你需要辨明對你最重要的是什麼。只做自己喜歡的，這樣你就會發現自己獲得解決問題的際遇。」

許多成功的經驗告訴我們這樣的法則：明智的人最懂得把全部的精力集中在一件事上，而不會把注意力分散在各種事情上；明智的人也善於依靠不屈不撓的意志、百折不回的決心以及持之以恆的忍耐力，努力在各種生存競爭中去獲得勝利。

在這個世界上，很多人每天都在做與他們興趣不合的工作，他們往往自嘆命運不濟，他們希望機會來了，再去做稱心如意的工作。但實際上光陰似箭，時間過去就不再重來，如果不馬上回頭，今天得過且過，明天又再等一會兒，當所有最寶貴的青春歲月都稀裡糊塗地浪費掉後，再想重新學習一些新的技能，往往為時已晚。這種一再拖延、得過且過的惰性，其實與慢性自殺無異。

人人都須懂得時間的寶貴：「光陰一去不復返。」當你踏入社會開始工作的時候，一定是渾身充滿幹勁的。你應該把這幹勁全部用在事業上，無論你做什麼職業，你都要努力工作、刻苦經營。如果能一直堅持這樣做，那麼有一天當你發現這種習慣所給你帶來的豐碩成果時，你一定會感到驚訝。歌德這樣說：「你最適合站在哪裡，你就應該站在那裡。」這句話可以作為對那些三心二意者的最好忠告。

無論是誰，如果不趁年富力強的黃金時代去養成自己善於集中精力的好性格，那麼他以後一定不會有什麼大成就。世界上最大的浪費，就是把一個人寶貴的精力無謂地分散到許多不同的事情上。一個人的時間有限、能力有限、資源有限，想要樣樣都精、門門都通，絕不可能辦到。如果你想在任何一個方面做出什麼成就，就一定要牢記這條法則。對大部分人來說，如果一入社會就善於利用自己的精力，不讓它消耗在一些毫無意義的事情上，那麼就有成功的希望。但是，很多人卻偏偏喜歡東學一點、西學一下，儘管忙碌了一生卻往往沒有什麼專長，結果，到頭來什麼事情也沒做成。

在這方面，螞蟻是我們最好的榜樣。牠們圍著一大顆食物，齊心協力地推著、拖著它前進，一路上不知道要遇到多少困難，要翻多少跟斗，千辛萬苦才把一顆食物弄到家門口。螞蟻給我們最好的教益是：只要集中精力，不斷努力、持之以恆，就必定能得到好的結果。

那些富有經驗的園丁往往習慣把樹木上許多能開花結實的枝條剪去，一般人往往覺得很可惜。但是園丁們知道，為了使樹木能更快地茁壯成長，為了讓以後的果實結得更飽滿，就必須要忍痛將這些旁枝剪去。否則，若要保留這些枝條，那麼將來的總收成肯定要減少許多。

那些有經驗的花匠也習慣把許多快要綻開的花蕾剪去。這是為什麼呢？這些花蕾不是同樣可以開出美麗的花朵嗎？花匠們知道，剪去其中的大部分花蕾後，可以使所有的養分都集中在其餘的少數花蕾上。等到這少數花蕾綻開時，一定可以成為那種罕見、珍貴、碩大無比的奇葩。

做人就像培植花木一樣。青年朋友們與其把所有的精力消耗在許多毫無意義的事情上，還不如看準一項適合自己的重要事業，集中所有精力，埋頭苦幹，全力以赴，這樣肯定可以取得傑出的成績。

如果你想成為一個令眾人嘆服的領袖，成為一個才識過人、無人可及的人物，就一定要排除大腦中許多雜亂無緒的念頭；如果你想在一個重要的方面取得偉大的成就，那麼就要大膽地舉起剪刀，把所有微不足道的、平凡無奇的、毫無把握的願望完全「剪去」；在一件重要的事情面前，即便是那些已有眉目的事情，也必須忍痛「剪掉」。

世界上無數的失敗者之所以沒有成功，主要不是因為他們才幹不夠，而是因為他們不能集中精力、不能全力以赴地去做適當的工作。他們使自己的大好精力東浪費一點、西消耗一些，而他們自己竟然還從未覺悟到這一問題：如果把心中的那些雜念一一剪掉，使生命力中的所有養料都集中到一個方面，那麼他們將來一定會驚訝——自己的事業竟然能夠結出那麼美麗豐碩的果實！

擁有一種專門的技能要比有十種心思來得有價值。有專門技能的人隨時隨地都在這方面下苦工夫求進步，時時刻刻都在設法彌補自己的缺陷和弱點，總是想把事情做得盡善盡美。而有十種心思的人就不一樣，他可能會因忙不過來而顧此失彼。

現代社會的競爭日趨激烈，所以，我們必須專心一志，對自己的工作全力以赴，這樣才能做到得心應手，有出色的成績。

你要想讓自己成為強者，必須這樣來要求自己做事的習慣：專心地把時間運用於一個方向上。這樣你就能集中精力，解決迫在眉睫的難題。有人把「專心」界定為：把意識集中在某個特定的欲望上的行為，並要一直集中到已經找出實現這一欲望的方法，並且成功地將之付諸實際行動。

汽車大王亨利．福特說：「我有的是時間，因為我從來不離開工作崗位；我不認為人可以離開工作，而應該要朝思暮想，連做夢也是工作。」

大家都知道，運動能使肌肉發達，工作時全神貫注是否也能促發腦部相關部分的功能呢？美國奧勒岡大學心理學教授邁克爾．波斯納利用正電子放射層析X掃描器和腦電描記錄器記錄全神貫注工作時的人腦活動。受試者初次做某種工作時，腦部的血流量和電子流動都會增加，後來對這種工作熟練了，腦部的血液流量和電子放射量就減少了。波斯納認為，我們越常練習聚精會神，腦部的活動就越沒有必要增加。在某一領域練就的心理技能，可以轉用於別的領域。

在西點軍校教導未來戰地指揮官如何保持專注的路易．喬卡說：「關鍵在於學習克服內在或外在的『雜訊』和干擾。比方說，假如你愛好爵士樂，不妨播放些音樂，然後設法只聽中音薩克斯風，不聽別的，藉此練習集中精神的能力。」

加州口腔醫生艾爾．司徒倫保每天都在同一時間起床，開車走同一路線上班，把車停在同一個停車位。他穿外科手術服時總是先穿上衣，再穿褲子；總是先洗右手，再洗左手；檢視病人時總是站在同一個位置。這並不是什麼迷信。他按照習慣行事，能夠有條不紊地專注狀態。

芝加哥大學人類學教授哈利．齊克仁米哈勒認為：「這就好像比賽前的運動員或主持典禮的牧師，習慣性的行為能使人較易全神貫注於眼前的挑戰，習慣性的活動使人把精神重新集中起來。」

你可以為任何工作制定一套行事程序。假如你不太喜歡手頭的工作，不妨為自己建立一個工作順序：先給自己泡杯茶，然後清理書桌，把筆放在左邊，電腦、電話放在右邊，最後開始做自己的工作。天天如此，要不了多久，你就能在遵守這些程序後自然而然地進入全神貫注的狀態，並且全力以赴地工作了。

心理學家威廉．詹姆斯在一百多年前宣稱，人類只使用了自己極小部分的潛力。我們的工作大多數都是例行的，或者千篇一律的。於是，我們的腦子常常幾乎是閒著的。由於我們「無法全身心投入」，結果就可能發生因疏忽而引起的錯誤，或者覺得工作沒勁，甚至苦不堪言。我們的技能如果只夠應付眼前的挑戰，則專注的程度最高。要想輕鬆地完成一件簡單乏味的工作，唯一的辦法就是增加這個工作的難度。不妨把沉悶的工作轉變成具有挑戰性的比賽，跟別人比，跟從前的自己比，以便充分發揮自己的潛力，制定規則和目標，給自己一個時限。這樣增加挑戰性也許能夠迫使你進入理想的全神貫注狀態。因為為了超越別人、超越自己，你必須全力以赴。

在做一件事情時，你甚至可以在每一個步驟都把它說出來，這樣不僅有助於全神貫注，而且能夠提醒自己遺忘了哪些步驟。自言自語也有「摒除雜訊」的作用，使你不易分心。一位年輕滑雪選手對觀眾的叫嚷聲和紛飛的雪花感到心煩。教練適時地提醒他：「看著前面。」這位選手於是像念咒似的反覆說著「看著前面，看著前面，看著前面」，他終於把精神集中起來了，並取得了不錯的成績。

老是惦著後果會使我們心神渙散。你讓自己的思想飄向未來，就無法專心致志了，因為你的注意力已隨之而去了，你的眼睛中看到的是不可預知的未來。所以，想要保持專心致志，必須把所有注意力集中於此時此地，集中於自己的手上。

鍥而不捨，終達目的

桃樂西・瑪麗・克拉福特・霍奇金（一九一〇—一九九四），英國化學家。一九一〇年五月十二日生於開羅。她曾入牛津大學薩默維爾學院學習，畢業後到劍橋大學工作（一九三二—一九三四），研究測定甾族化合物、胃蛋白酶和維生素等的結構。一九三四年回到牛津大學教化學，一九四七年獲選入英國皇家學會。一九四九年第一次成功地測定了青黴素的結構，一九五七年測定了維生素B12的結構。一九六〇年任教授，在牛津大學工作三十三年。一九七〇年赴布里斯托爾大學任名譽校長。一九九四年七月二十九日在家中去世，享年八十四歲。

一九六四年，因「測定抗惡性貧血症的生化化合物維生素B12的結構」，榮獲該年度諾貝爾化學獎。一九六五年獲得英國功績勳章。

霍奇金從小受到父母影響。她的父親是考古學家，母親有很豐富的植物學知識，因此，幼年的霍奇金對礦物和植物有著濃厚興趣。她在家中的頂樓給自己蓋了個實驗室，模仿大人做實驗。那時，X射線結晶學的開山鼻祖威利姆．布拉格曾經寫了一本針對兒童的科普讀物。就是在這本書的引導下，霍奇金知道了人類可以利用X射線看到一個個的原子和分子。後來她在大學學習了X射線的衍射方法，並在畢業論文中論述了某元素有機化合物的結構。該論文發表在《自然》雜誌上。

之後，在劍橋大學工作期間，她又繼續向胃蛋白酶和胰島素的X射線衍射挑戰。她在自己從小就崇拜的威利姆．布拉格的指導下，後來成為用X射線結晶學解析生物化學結構的第一人。認準目標的霍奇金決定，對世界上剛剛提取出來的生理活性物質如甾醇類物質、青黴素、維生素B12等，逐一用X射線解析法測定其空間結構。她獲得了成功，一九六四年，她因這些成就被授予諾貝爾化學獎。

為什麼她能測定出生理活性物質的空間結構並且獲諾貝爾獎呢？這的確應該感激霍奇金幼年時讀到的科普讀物，這些讀物使她幾乎沒有猶豫就走上了研究X射線衍射的道路，使諾貝爾獎級的課題直接向著自己飛來。全神貫注地沿一條路走下去，這也是接近諾貝爾獎的方法之一。獲獎後，她得到了不授課、不做指導老師、專門從事研究的教授地位。這樣，她避免了在教學事務上消耗時間，而能一心一意地鑽研胰島素的X射線衍射。一九六九年，她終於闡明了胰島素的三維結構。

在工作量日益增加和資訊爆炸的今天，鍥而不捨的能力已成為事關重大成功的必備素質之一。這就好比用放大鏡將太陽光集中到一張白紙上，凸透鏡將散射的太陽光線的能量集中起來，並且聚成一點——能量強大的一個中心點，迅速讓白紙燃燒起來，冒出縷縷青煙，最終燒出一個窟窿來，事業就成功了！

一個人要想實現自己的強項，離不開艱辛的腦力勞動和體力勞動，更離不開鍥而不捨的精神。你可知道石匠是怎麼敲開一塊大石頭的嗎？而他所擁有的工具只不過是一個小鐵錘和一個小鑿子，可是這塊大石頭卻硬得很。當他舉起錘子重重地敲下第一擊時，沒有敲下一塊碎片，甚至連一絲鑿痕都沒有，可是他並不以為意，繼續舉起錘子一下再一下地敲，一百下、兩百下、三百下，大石頭上依然沒出現任何裂痕。

可是石匠還是沒懈怠，繼續舉起錘子重重地敲下去，路過的人看他如此賣力而不見成效卻還繼續硬做，不免竊竊私語，甚至有些人還笑他傻。可是石匠並未理會，他知道雖然所做的還沒看到立即的成效，不過那並非表示沒有進展。

他又挑了大石頭的另一個地方敲，一錘又一錘，也不知道是敲到第五百下還是第七百下，或者是第一千零四下，終於看到了成效，那不是只敲下一塊碎片，而是整塊大石頭裂成了兩半。難道說是他最後那一擊，使得這塊石頭裂開的嗎？當然不是，而是他一而再、再而三連續敲擊的結果。

這個故事給了我們這樣的啟示：持續不斷的努力就有如那把小鐵錘，它能敲碎一切橫在人生路途上的巨大石塊，走向成功的彼岸。

在勇氣面前門關不久

泰戈爾（一八六一—一九四一），印度著名文學家、藝術家、社會活動家、哲學家，生於加爾各答市一個有深厚文化教養的家庭，屬於婆羅門種姓。

一八六一年五月七日，羅賓德拉納特·泰戈爾出生於一個富有的貴族家庭。他的父親戴賓德納特·泰戈爾是聞名的哲學家和社會活動家，哥哥、姐姐也都是社會名流。在文壇世家環境的薰陶下，泰戈爾八歲開始寫詩，十二歲開始寫劇本，十五歲發表了第一首長詩《野花》，十七歲發表了敘事詩《詩人的故事》。一八七八年，遵父兄意願赴英國留學，最初學習法律，後轉入倫敦大學學習英國文學，研究西方音樂。一八八〇年回國，專事文學創作。

一九一三年，由於「他那至為敏銳、清新與優美的詩；這詩出之於高超的技巧，並由於他自己用英文表達出來，使他那充滿詩意的思想業已成為西方文學的一部分」，榮獲該年度諾貝爾文學獎，獲獎作品為《吉檀迦利》。泰戈爾是首位獲得諾貝爾文學獎的印度人（也是首位亞洲人），他與黎巴嫩詩人紀伯倫齊名，並稱為「站在東西方文化橋樑的兩位巨人」。

泰戈爾曾說：「在這個世界上，有勇氣在自己生活中嘗試解決人生新問題的人，正是那些使社會臻於偉大的人！那些僅僅循規蹈矩過活的人，並不是在使社會進步，只是在使社會得以維持下去。」

是的，成功之門都是虛掩的，它總是留給那些有勇氣去強大自己的人。我們知道，不恐懼不等於有勇氣；勇氣使你儘管害怕，儘管痛苦，但還是繼續向前走。在這個世界上，只要你真實地付出，就會發現許多門都是虛掩的！微小的勇氣，能夠完成無限的成就。

無論是對事還是對人，勇往直前都有一種極強的穿透力，如果你幸運地與生俱來就有這種品性，那麼很值得恭賀；如果你還沒有養成這種性格，那麼儘快培養吧，人的生命很需要它！

有一位國王，他想委任一名官員擔任一項重要的職務，就召集了許多孔武有力和聰明過人的官員，想試試他們之中誰能勝任。

「聰明的人們，」國王說，「我有個問題，我想看看你們誰能在這種情況下解決它。」

國王領著這些人來到一座大門——一座誰也沒見過的最大的門前。國王說：「你們看到的這座門是我國最大最重的門。你們之中有誰能把它打開？」

許多大臣見了這門都搖了搖頭，其他一些比較聰明一點的，也只是走近看了看，沒敢去開這門。當這些聰明人說打不開時，其他人也都隨聲附和。只有一位大臣，他走近大門，用眼睛和手仔細檢查了大門，用各種方法試著去打開它。最後，他抓住一條沉重的鏈子一拉，門竟然開了。其實大門並沒有完全關死，而是留了一條窄縫，任何人只要仔細觀察，再加上有膽量去開一下，都會把門打開的。國王說：「你將要在朝廷中擔任重要的職務，因為你不光限於你所見到的或所聽到的，你還有勇氣靠自己的力量冒險去試一試。」

史東是美國聯合保險公司的主要股東和董事長，同時，也是另外兩家公司的大股東和總裁。然而，他能白手起家，創出如此巨大的事業卻是經歷了無數次磨難的結果：或者我們可以這樣說，史東的發跡史也是他勇氣作用的結果。在史東還是個孩子時，就為了生計到處販賣報紙。有家餐館把他趕出了好多次，但是他卻一再地溜進去，並且手裡拿著更多的報紙。那裡的客人為其勇氣所動，紛紛勸說餐館老闆不要再把他踢出去，並且都慷慨解囊買他的報紙。

史東一而再再而三地被踢出餐館，屁股雖然被踢痛了，但他的口袋裡卻裝滿了錢。史東常常陷入沉思。「哪一點我做對了呢？」「哪一點我又做錯了呢？」「下一次，我該這樣做，或許不會挨踢。」這樣，他用自己的親身經歷總結出了引導自己達到成功的座右銘：如果你做了，沒有損失，而可能有大收穫，那就放手去做。

當史東十六歲時，一個夏天，在母親的指導下，他走進了一座辦公大樓，開始了推銷保險的生涯。當他因膽怯而發抖時，他就用賣報紙時被踢後總結出來的座右銘來鼓舞自己。就這樣，他抱著「若被踢出來，就試著再進去」的念頭推開了第一間辦公室。他沒有被踢出來。那天只有兩個人買了他的保險。從數量而言，他是個失敗者；然而，這是個零的突破，他從此有了自信，不再害怕被拒絕，也不再因別人的拒絕而感到難堪。第二天，史東賣出了四份保險。第三天，這一數字增加到了六份……

二十歲時，史東設立了只有他一個人的保險經紀公司。開張第一天，銷出了五十四份保單；之後，他更創造一個令人瞠目的紀錄——一百二十二份！以每天八小時計算，每四分鐘就成交了一份。在不到三十歲時，他已建立了規模可觀的「史東經紀公司」，成為令人嘆服的「推銷大王」。

推銷員，可能是世界上最需要臉皮的職業之一。可以說，不經過千百次的被拒絕的折磨，就不能成為一名優秀的推銷員。史東有句名言，叫「成功的關鍵在於推銷員的態度，而不是顧客……」。

一九六八年，在墨西哥城奧運會百米賽道上，美國選手吉·海因斯觸線後，轉過身子看運動場上的記分長牌，當指示燈打出九·九五秒的字樣後，海因斯攤開雙手自言自語地說了一句話，透過電視網路，全世界至少有幾億人看到了這一情景；但由於當時他身邊沒有話筒，海因斯到底說什麼，誰都不知道。直到一九八四年洛杉磯奧運會前夕，一名叫大衛·帕爾的記者在辦公室重播奧運會影像後時好奇心大起，找到海因斯詢問此事時這句話才被破譯了出來。原來，自歐文創造了十．三秒的成績後，醫學界斷言，人類肌肉纖維承載的運動極限不會超過十秒。所以當海因斯看到自己九．九五秒的紀錄之後，自己都有些驚呆了，原來十秒這個門不是緊鎖的，它虛掩著，就像終點那根橫著的繩子。於是興奮的海因斯情不自禁地說：「上帝啊！那扇門原來是虛掩著的。」

大膽嘗試，努力創新，全心付出

艾倫．黑格（一九三六—），美國物理學家。一九三六年生於愛荷華州，在一個只有一千人的中西部小城度過童年和小學。九歲時，父親去世，與母親搬到了奧馬哈，在內布拉斯加大學上大學，並獲得博士學位。現為加利福尼亞大學固體聚合物和有機物研究所所長。

二〇〇〇年，因「他是半導體聚合物和金屬聚合物研究領域的先鋒，目前主攻能夠用作發光材料的半導體聚合物，包括光致發光、發光二極體、發光電氣化學電池以及雷射，等等。這些產品一旦研製成功，將可以廣泛應用在高亮度彩色液晶顯示器等許多領域」，與麥克迪爾米德（美國）、白川英樹（日本）一起獲得該年度諾貝爾化學獎。

艾倫．黑格曾用十分簡單的話寄語青年人：

勇敢些！

全心地去辛勤工作吧！

細心選擇自己的研究方向，去冒險吧！

艾倫·黑格的父系和母系的親屬中都沒有人上過大學。但他沒有被命運所驅使，而是透過自己不懈的努力，終於獲得了成功。黑格的經歷與下面這個故事的主人公的經歷極其相似。

一位叫雷諾茲的人，他是杜爾沙市一家大石油公司的財務助理。是個活潑、能幹又討人喜歡的年輕人，周圍人都認為他一定可以一帆風順地往上升。他擁有太太、三個小孩以及美好的前景。空閒的時候，雷諾茲喜愛繪畫，他的許多風景油畫都懸掛在公司辦公室的牆上。有時候他也把畫賣給公司外面的人。

雖然雷諾茲先生喜歡自己的工作，但是他更渴望有更多的時間來繪畫。他一向很喜歡新墨西哥州的陶歐斯城，那兒是藝術家的樂園，他想要放棄自己的工作，永久移居到那邊去。

當雷諾茲和他的太太露絲談到這一件事的時候，太太說：「太好了！我們可以賣掉這兒的每一件東西，到陶歐斯去開一家繪畫用品店。我們也可以賣畫框，我照顧店面，你就可以專心畫畫了。我相信我們一定可以成功的。」

由於太太的熱心鼓勵，雷諾茲下定決心辭掉工作，專心作畫了。他們全家人都有了開創新事業的精神，年幼的小兒子放學以後也會幫忙店務。雷諾茲畫得非常好，終於成為西南部最成功的畫家之一。他的作品曾經在全美國展覽過，他也曾經在許多畫廊舉辦過個人畫展。現在，他是陶歐斯城畫家協會的會長。在新墨西哥州陶歐斯城聞名的卡森街上，他還成立了自己的畫廊和畫室。這都是因為他和他妻子有勇氣去嘗試一個機會的回報。

不嘗試，怎麼明白行還是不行；

不嘗試，怎麼啟動創造力和想像力；

不嘗試，怎麼區分「天才」和「庸才」；

不嘗試，怎麼瞭解事物的本質。

凡事都要有嘗試的勇氣，只有試過了，人們才可能成功。

日本松下電器公司董事長松下幸之助早年曾在大阪電燈公司工作。他對電燈泡著了迷，為了實現其改進電燈燈頭的構想，不惜斥鉅資從事改良的工作，並組成了松下電器公司。不巧公司成立之初，恰遇經濟危機，市場疲軟，銷售困難。怎樣才能使公司擺脫困境、轉危為安？松下幸之助權衡再三，決定一不做、二不休，拿出一萬個電燈泡作為宣傳之用，藉以打開燈泡的銷路。

燈泡必須備有電源，方能起作用。為此，松下親自前往拜訪岡田乾電池公司的董事長，希望雙方合作進行產品的宣傳，並免費贈送一萬個乾電池。一向豪邁爽直的岡田聽了此言，也不禁大吃一驚，因為這顯然是一種違背常理的冒險。但松下誠摯、果敢的態度實在感人，岡田終於答應了他的請求。松下公司的電燈泡搭配上岡田公司的乾電池，發揮了最佳的宣傳效用。很快地，電燈泡的銷路直線上升，乾電池的訂單也如雪片般飛來：初創伊始的松下電器公司非但沒有倒閉，反而從此名聲大振，業務興隆。

對於剛剛創辦、家底不厚的松下電器公司來說，一萬只電燈泡是個不小的數目。但松下在逆境面前敢於孤注一擲，採取破釜沉舟的推銷行動，因此震撼了人心，爭取了支持者，終獲成功。

期待豐收，更不要忘記播種

諾曼．布勞格（一九一四—二〇〇九），美國著名的遺傳學家和植物病理學家、世界「綠色革命」的先驅。一九一四年三月二十五日出生於愛荷華州克雷斯科市附近一座農場，在明尼蘇達大學學習林學，一九三七年獲學士學位。一九四四年至一九六〇年，在洛克菲勒基金會墨西哥合作農業規劃研究院任研究員，成功培育出抗鏽病、耐肥、高產、適應性廣的半矮稈小麥，使小麥產量大幅提高。一九六三年，出任當時新成立的國際玉米小麥發展中心負責人，培養出數以千計的科學後生。

一九七〇年，因為終生幫助克服全球饑荒獲得該年度的諾貝爾和平獎。

一九八四年，已經退休、時年七十一歲的諾曼．布勞格，接獲日本笹川和平財團創始人笹川良一的電話，邀請他幫助提高非洲國家糧食產量。一開始，諾曼．布勞格回答：「我七十一歲，從頭開始太晚了。」笹川回應道：「我比你年長十五歲，所以我猜想，我們昨天就應該開始。」這番話打動了諾曼．布勞格。在美國前總統吉米．卡特支持下，從一九八四年開始，他接受笹川和平財團資助，在貝寧、衣索比亞、迦納、奈及利亞、蘇丹、坦尚尼亞、多哥等十四個非洲國家試驗種植高產作物品種。短期內，使當地的玉米產量增加兩倍，小麥、木薯、高粱等作物產量也有不同程度的提高。

諾曼·布勞格說過：「要嘗試去摘星，即使永遠也搆不著它們，如果你足夠努力，你總會在過程中得到一些星塵。」

許多有抱負的人大多忽略了積少才可以成多的道理，只想一鳴驚人，而不去做埋頭耕耘的工作。等到忽然有一天，看見比自己晚開始、比自己天資差的都已經有了可觀的收穫，才驚覺到在自己這片園地上還是一無所有。這時他才明白，不是上天沒有給他理想或志願，而是他一心只等待豐收，卻忘了播種。

我有一位同學，時常在閒暇時來找我談天。他學的是法律，卻熱衷戲劇，常想有機會躍登大銀幕，成為大明星。可是，我卻從沒有看見他去嘗試那可以進入影劇界的機會。於是我問他：「為什麼不去試試看呢？」

他說：「我不願去和那些初出茅廬的小夥子們競爭。我已經快三十歲了，即使考進去之後，也不過是做個小小的配角，有什麼意思？我要等什麼時候有大公司物色某一部影片的主角——和我的性格戲路合適的，我一去，就會錄用，那才可以一鳴驚人。」

可是，像這樣幸運的人能有幾個？於是，他只好任歲月蹉跎，年華逝去，而他的願望仍只是個願望。只因他不肯從頭做起，所以永遠接觸不到他理想的天堂。

單是對自己那無法實現的願望焦急慨嘆是沒有用的。要想達到目的，必須從頭開始。所謂「登高必自卑，行遠必自邇」，正如爬山，你只有低著頭，認真耐心地去攀登。到你付出相當的辛勞努力之後，登高下望，你才可以看見你已經克服了多少困難，走過來多少險路。這樣一次次的小成功，慢慢才會累積成大的更接近理想目標的成功。

最終的目標絕不是轉眼之間就可以達到的，在未付出辛勞艱苦和波折坎坷的代價之前，空望著那遙遠的目標著急是沒有用的。而唯有從基本做起，按部就班地朝著目標行進才會慢慢地接近它、達到它。

古人說：「唯有埋頭，乃能出頭。」種子如不經過在堅硬的泥土中掙扎奮鬥的過程，它將止於一粒乾癟的種子，而永遠不能發芽生長成一株大樹。

有時候，也不是我們對自己食言，而是我們缺乏成功所要求我們付出的相應的毅力和持之以恆。其實很多時候，成年人和小孩子是一樣的。我們成年人也會喜歡玩樂，喜歡遊戲，喜歡拖延，或許我們當中有些人比小孩子還更缺乏自制力。當我們需要面對我們為成功而設計的計畫時，當我們需要開始做出具體的行動時，痛苦就來了。舉個簡單的例子來說吧，你準備出國讀MBA，這是你的近期目標；你的遠期目標是當你拿到學位時，你要在國際大都市的跨國公司裡謀得一個職位，然後從那個起點上進行新的人生奮鬥，成為一個全方位的高級國際管理人才。這個目標無疑是美好的，但你得為實現這個目標開始付出努力。

首先，你得準備TOEFL、GRE、GMAT。當你需要坐在桌前，面對英文單詞時，你就會覺得辛苦。那種每天、每夜需要付出的實際努力才是對你的真正考驗：大量的記憶，重複枯燥的勞動會令你很容易就覺得厭倦；電影、書籍、娛樂、美食時時向你發出誘惑；這時，如果沒有足夠的毅力，你很容易就放鬆對自己的要求，向這些誘惑投降。

在這裡，我們可以得出這樣一個結論：為什麼很多人停在了成功的路上，終於淹沒在默默無聞的芸芸眾生中，原因就在於絕大部分人忘記了播種而使自己永遠遠離了成功。這是很可惜的事。

抬頭做人，低頭做事

蓋若德·霍夫特（一九四六—），荷蘭理論物理學家。一九四六年生於荷蘭，一九六六年在烏德勒支大學獲得物理和數學雙學士學位，一九七二年獲得理論物理博士學位。因提出關於亞原子粒子結構和運動的理論，在證明組成宇宙的粒子運動方面的開拓性研究成果，一九九九年榮獲諾貝爾物理學獎。

蓋若德·霍夫特對什麼是真正的科學態度曾有過這樣的論述：

「我鼓勵你們所有人都在科學上做出巨大貢獻。這巨大貢獻，也肯定包括諾貝爾獎。我確信，你們當中的一兩個人或更多的人也許會在科學上取得真正的突破。忘了那些諾貝爾獎吧，它們不是最重要的事情！在你生活的宇宙中，你對於某些事情有了新的發現，而在這之前沒有其他人知道，即使這是一些非常小的發現，但對於一位優秀的科學家來說，也是充滿樂趣的。每一位優秀的科學家，每一位傑出的科學家，都能夠做出一個或更多的這樣小的發現，並且會隨時享受這其中的樂趣。」

正如蓋若德．霍夫特對科學的態度一樣，我們對待事業也應該有這樣的心態。其實，每一個年輕人都應當有遠大的志向，只有這樣才可能成為傑出人物。但要成為傑出人物，光是心高氣盛還遠遠不夠，而必須從學習小事情做起。在我們還是默默無聞不被人重視的小人物的時候，不妨試著暫時降低一下自己的物質目標、經濟利益或事業野心，做好一個普通人的普通事。這樣我們的視野將更廣闊，或許還會發現許多意想不到的機會。

維斯卡亞公司是二十世紀八〇年代美國最為著名的機械製造公司，其產品銷往全世界，並代表著當時重型機械製造業的最高水準。許多人畢業後到該公司求職遭拒絕，原因很簡單，該公司的高層技術人員爆滿，不再需要各種高技術人才。但是令人垂涎的待遇和足以自豪、令人稱羨的地位仍然向求職者閃爍著誘人的光芒。

史蒂芬是哈佛大學機械製造科的高才生。和許多人一樣，他在該公司每年一次的用人測試會上也被拒絕申請，其實這時的用人測試會已經是徒有虛名了。史蒂芬並沒有死心，他發誓一定要進入維斯卡亞重型機械製造公司。於是，他採取了一個特殊的策略——假裝自己一無所長。

史蒂芬先找到公司人事部，提出為該公司無償提供勞動力，請求公司分派給他任何工作，他都將不計較任何報酬地來完成。公司起初覺得這簡直不可思議，但考慮到不用任何花費，也用不著操心，於是便分派他去打掃車間裡的廢鐵屑。

一年來，史蒂芬勤勤懇懇地重複著這種簡單但是勞累的工作。為了餬口，下班後他還要去酒吧打工。這樣，雖然得到了老闆及工人們的好感，但是仍然沒有一個人提到錄用他的問題。

九〇年代初，公司的許多訂單紛紛被退回，理由均是產品品質出現問題，為此公司將蒙受巨大的損失。公司董事會為了挽救頹勢，召開緊急會議商議對策，當會議進行一大半卻未見眉目時，史蒂芬闖進會議室，提出要直接見總經理。

在會上，史蒂芬把對這一問題出現的原因作了令人信服的解釋，並且就工程技術上的問題提出了自己的看法，隨後拿出了自己對產品的改造設計圖。這個設計非常先進，恰到好處地保留了原來機械的優點，同時又克服了已出現的弊病。

總經理及董事們見到這個編外清潔工如此精明在行，便詢問他的背景以及現狀。史蒂芬當即被聘為公司負責生產技術問題的副總經理。

原來，史蒂芬在做清掃工時，利用清掃工到處走動的特點，細心察看了整個公司各部門的生產情況，並一一做了詳細記錄，發現了所存在的技術性問題並提出解決的辦法。為此，他花了一年的時間做設計，獲得了大量的統計資料，為最後一鳴驚人奠定了基礎。

有堅實的腳步，才有辦法使你走得更遠

二〇〇八年，法國作家勒・克萊齊奧（一九四〇—）獲得該年度諾貝爾文學獎。他的獲獎理由是：

「一個集背叛、詩意冒險和感性迷狂於一身的作家，探尋文明支配下的邊緣人性。」

勒・克萊齊奧一九四〇年出生於法國尼斯，童年在法國和非洲度過。他曾在曼谷、墨西哥城、波士頓等地的大學任教。受在不同國家工作和生活的影響，勒・克萊齊奧的作品融入了歐洲、非洲和拉丁美洲等地的不同元素。他是二十世紀後半期法國新寓言派代表作家之一。一九九四年，法國讀者調查中，勒・克萊齊奧成為最受讀者歡迎的作家，是當今法國文學的核心之一。與莫迪亞諾、佩雷克並稱為「法蘭西三星」。代表作有《訴訟筆錄》《尋金者》《羅德里格島遊記》。他的早期作品，諸如《訴訟筆錄》《可愛的土地》等，多尋找一種空靈與寂靜，人物時常在形式、色彩與物質的海洋中搖擺不定，人和物的界限變得模糊不清。而他的後期作品，諸如《尋金者》《羅德里格島遊記》等，則更關注心理空間，向著自然與人這兩個「宇宙」同時進行宏觀與微觀的探索。

成功的過程就是循序漸進、一步一腳印的過程。建造一幢大樓，要從一磚一瓦開始；繩鋸木斷、水滴石穿的關鍵就在於點點滴滴的積累。在你的身後留下一串堅實的步伐吧。像爬山一樣向著最高的目標攀登，總有一天你會發現自己將是那個走得最遠的人！

有志向有野心的人，大都憧憬將來的輝煌成就，希望有朝一日能夠事業有成，他們甚至盼望著「一步登天」的壯麗景觀。這種想法固然無可厚非，甚至非常可貴，值得讚賞。但任何事情都是一步一步地做出來的，幸運不會平白從天而降，你永遠不要指望這些虛無的東西。要把美好的理想轉化為現實，必須付出堅持不懈、鍥而不捨的勞動。

老子曰：「天下大事，必作於細」；「合抱之木，生於毫末；九層之台，起於壘土。」只有將無數點點滴滴的「創造」艱苦地積累起來，才能逐步向大目標邁進，雖然這種機遇不是一目了然的。

你要做的是，在你的身後留一串堅實的腳印。

「九層之台，起於壘土。」一磚一木壘起來的樓房才有基礎，一步一腳印才能走出一條成形的道路。那些成功的人都相信，只有自己的力量才是最實在，也是最可靠的。

長城不是在一天之內修建好的，那些突出的成就都是歷盡無數艱難困苦、付出無數心血才能獲得的！成功從來就沒有那麼簡單。事實上，我們經常看到，無論是在職業的選擇中，還是在工作和勞動中，很多成功往往屬於那些身處逆境的人。他們沒有良好的條件，沒有捷徑可走，也不希求外在機會的垂青，所以，他們走的路最實在，他們所得到的機遇也就會最多。年輕人在職業選擇過程，必須充分認識到這一點，自覺而堅定地一步一腳印地為自己創造機會。

體育運動員的汗水、鮮血亦讓我們從中得到啟示。以足球為例，在一個賽季開始之前，他們要長年累月地進行訓練，耐力、爆發力，斷球、停球、射門等訓練，不停地重複，不斷地改進和完善。透過訓練，他們改進自己的不足之處，力求每天都能提高一步。這樣，到了比賽那天，他們才能夠在競技追逐過程中劃下一道道美麗的弧線，踢出幾個精彩的富有想像的進球，贏得觀眾的陣陣喝采。每個成功都只能如此：付出代價。這個代價就是時間，就是耐心和努力。

一步一腳印，你沒有吃虧，因為你的每一步都是朝著你的目標邁進的。

如果我們將一個人的追求目標比作一座高樓大廈的頂樓，那麼一級一級的階段性的目標就是層層階梯。這個比喻看來太淺顯了，但不少人卻忽視了這一循序漸進的「階梯原則」。

作家郭泰所著《智囊一００》中講了一個有趣的故事：有個小孩在草地上發現了一個蛹。他撿回家，要看蛹如何羽化成蝴蝶。過了幾天，蛹的背上出現了一道小裂縫，裡面的蝴蝶掙扎了好幾個小時，身體似乎被什麼東西卡住出不來了。小孩子不忍，心想：「我必須助牠一臂之力。」所以，他拿起剪刀把蛹剪開，幫助蝴蝶蛻蛹而出。但是蝴蝶的身軀臃腫，翅膀乾癟，根本飛不起來。這隻蝴蝶注定要拖著笨拙的身子與不能豐滿的翅膀爬行一生，永遠無法飛翔了。

這個故事說明了一個道理：每一個事物的成長都有個瓜熟蒂落、水到渠成的過程。這一過程也就是一步一腳印的過程。

再看下面這個故事吧。

遠在半個世紀以前，美國洛杉磯郊區有個沒有見過世面的孩子，他才十五歲，卻擬了個題為《一生的志願》的表格，表上列著：「到尼羅河、亞馬遜河和剛果河探險；登上珠穆朗瑪峰、吉力馬札羅山和麥特荷恩山；駕馭大象、駱駝、鴕鳥和野馬；探訪馬可．波羅和亞歷山大一世走過的路；主演一部《人猿泰山》那樣的電影；駕駛飛行器起飛降落；讀完莎士比亞、柏拉圖和亞里斯多德的著作；譜一部樂曲；寫一本書；遊覽全世界的每一個國家，結婚生孩子；參觀月球……」他把每一項都編了號，一共有一百二十七個目標。

當他把夢想莊嚴地寫在紙上之後，他就開始循序漸進地實行。

十六歲那年，他和父親到喬治亞州的奧克費諾基大沼澤和佛羅里達州的埃弗洛萊茲探險。從這時起，他按計畫逐一實現自己的目標，四十九歲時，他已經完成了一百二十七個目標中的一百零六個。這個美國人叫約翰．戈達德。他獲得了一位探險家所能享有的榮譽。前些年，他仍在不辭艱苦地努力實現包括遊覽長城（第四十九個）及參觀月球（第一百二十五個）等目標。

在你的身後留下一串堅實的步伐吧，只要堅持往前走，總有一天你會發現自己是那走得最遠的人！

過去不等於未來

巴勃羅·聶魯達（一九〇四—一九七三），智利詩人，生於帕拉爾城，十六歲入聖地牙哥智利教育學院學習法語。一九二八年進入外交界任駐外領事、大使等職。一九四五年被選為國會議員，並獲智利國家文學獎。曾當選世界和平理事會理事，獲史達林國際和平獎金。一九五二年回國，一九五七年任智利作家協會主席。作品主要有《二十首情詩和一支絕望的歌》《地球上的居所》《西班牙在我心中》《詩歌總集》等。

一九七一年，因他的「詩歌具有自然力般的作用，復甦了一個大陸的命運與夢想」，榮獲該年度諾貝爾文學獎，獲獎作品為《情詩·哀詩·讚詩》。

巴勃羅·聶魯達的詩歌以濃烈的感情、豐富的想像，表現了拉丁美洲人民爭取獨立、民主、自由的歷程，也充分體現出他本人追求理想、藐視失敗的人格精神。這種精神是對他個人成功的最好詮釋。巴勃羅．聶魯達曾對大家講述過這樣一個故事：

一九二〇年，美國田納西州一個小鎮上，有個小女孩出生了。她的媽媽只給她取了個小名，叫凱薩琳。凱薩琳漸漸懂事後，發現自己與其他孩子不一樣：她沒有爸爸，她是私生子。人們明顯地歧視她，小夥伴們都不跟她玩。她不知道為什麼。她雖然是無辜的，但世俗卻是嚴酷的。我們每一個人，一生可以做出多種選擇，但不能選擇父母。而凱薩琳甚至不知道自己的爸爸是誰，她只跟媽媽一起生活。

上學後，歧視並未減少。老師和同學仍以那種冰冷、鄙夷的眼光看她：這是一個沒有父親的孩子，沒有教養的孩子，一個不好的家庭的孽種。於是，她變得越來越懦弱，開始封閉自我，逃避現實，不與人接觸。

凱薩琳最害怕的事，就是跟媽媽一起到鎮上的集市。她總能感到人們在背後指指點點，竊竊私語：

「就是她，那個沒有父親，沒有教養的孩子！」

她非常羨慕別的孩子一到禮拜天，便跟著自己的雙親，手牽手地走進教堂。她曾經多少次躲在遠處，看著鎮上的人們興高采烈地從教堂裡出來。她只能透過教堂莊嚴神聖的鐘聲和人們面部的神情，想像教堂裡是什麼模樣，以及人們在裡面做什麼。

凱薩琳十三歲那年，鎮上來了一個牧師，從此她的一生便改變了。凱薩琳聽大人說，這個牧師非常好。

有一天，她終於鼓起勇氣，待人們進入教堂後，偷偷溜進去，躲在後排傾聽——牧師正在講：

「過去不等於未來。過去你成功了，並不代表未來還會成功；過去失敗了，也不代表未來就要失敗。因為過去的成功或失敗，只是代表過去，未來是靠現在決定的。現在做什麼，選擇什麼，就決定了未來是什麼！失敗的人不要氣餒，成功的人也不要驕傲。成功和失敗都不是最終結果，它只是人生過程的一個事件。因此，這個世界上不會有永遠成功的人，也沒有永遠失敗的人。」

凱薩琳被深深地感動了，她感到一股暖流衝擊著她冷漠、孤寂的心靈。但她馬上提醒自己：得馬上離開，趁同學們、大人們未發現她時，趕快走。

第一次聽過後，就有了第二次、第三次、第四次、第五次冒險——但每次都是偷聽幾句話就快速消失掉。因為她懦弱、膽小自卑，她認為自己沒有資格進教堂，她和常人不一樣。終於有一次，凱薩琳聽得入迷，忘記了時間，直到教堂的鐘聲敲響才猛然驚醒，但已經來不及了。率先離開的人們堵住了她迅速出逃的去路。她只得低頭尾隨人群，慢慢移動。突然，一隻手搭在她的肩上，她驚惶地順著手臂望上去，正是那位牧師。

「你是誰家的孩子？」牧師溫和地問道。

這句話是她十多年來最最害怕聽到的，它彷彿是一支通紅的烙鐵，直刺凱薩琳的心上。人們停止了走動，幾百雙驚愕的眼睛一齊注視著凱薩琳。教堂裡靜得連根針掉在地上都聽得見。凱薩琳完全驚呆了，她不知所措，眼裡含著淚水。這個時候，牧師臉上浮起慈祥的笑容，說：「噢——知道了，我知道你是誰家的孩子——你是上帝的孩子。」然後，撫摸著凱薩琳的頭髮說：「這裡所有的人和你一樣，都是上帝的孩子！過去不等於未來——不論你過去怎麼不幸，這都不重要。重要的是你對未來必須充滿希望。現在就做出決定，做你想做的人。孩子，人生最重要的不是你從哪裡來，而是你要到哪裡去。只要你對未來保持希望，你現在就會充滿力量。不論你過去怎樣，那都已經過去了。只要你調整心態、明確目標，樂觀積極地去行動，那麼成功就是你的。」

牧師話音剛落，教堂裡頓時爆出熱烈的掌聲——沒有人說一句話，掌聲就是理解，是歉意，是承認，是歡迎！整整十三年了，壓抑心靈的陳年冰封，被「博愛」瞬間融化……凱薩琳終於抑制不住，眼淚奪眶而出。

從此，凱薩琳變了……在四十歲那年，凱薩琳榮任田納西州州長。之後，棄政從商，成為世界五百家最大企業之一的公司總裁，成為全球赫赫有名的成功人物。六十七歲時，她出版了自己的回憶錄《攀越巔峰》，在書的扉頁上，她寫下了這句話：過去不等於未來！

「過去不等於未來」的觀念，要求我們用發展的眼光看待自己，看待成功。成功與目前的境況無關。過去的都過去了，關鍵是未來。過去決定了現在，而不能決定未來，只有現在的作為及選擇才能決定我們的未來。

再看成語「刮目相看」的故事吧。

呂蒙是三國時東吳將領，英勇善戰。雖然深得周瑜、孫權器重，但呂蒙十五、六歲即從軍打仗，沒讀過什麼書，也沒什麼學問。為此，魯肅很看不起他，認為呂蒙不過草莽之輩，四肢發達頭腦簡單，不足與謀事。呂蒙自認低人一等，也不愛讀書，不思進取。有一次，孫權派呂蒙去鎮守一個重地，臨行前囑咐他說：「你現在很年輕，應該多讀些史書、兵書，懂的知識多了，才能不斷進步。」

呂蒙一聽，忙說：「我帶兵打仗忙得很，哪有時間學習呀！」

孫權聽了批評他說：「你這樣就不對了。我主管國家大事，比你忙得多，但仍然抽出時間讀書，收穫很大。漢光武帝帶兵打仗，在緊張艱苦的環境中，依然手不釋卷，你為什麼就不能刻苦讀書呢？」

呂蒙聽了孫權的話十分慚愧，從此後便開始發憤讀書，利用軍旅閒暇，如飢似渴地遍讀詩、書、史及兵法戰策。皇天不負苦心人，漸漸的，呂蒙官職不斷升高，當上了偏將軍，還做了潯陽令。

周瑜死後，魯肅代替周瑜駐防陸口。大軍路過呂蒙駐地時，一謀士建議魯肅說：「呂將軍功名日高，您不應怠慢他，最好去看看。」魯肅也想探個究竟，便去拜會呂蒙。呂蒙設宴熱情款待魯肅。席間呂蒙請教魯肅說：「大都督受朝廷重託，駐防陸口，與關羽為鄰，不知有何良謀以防不測，能否讓晚輩長點見識？」

魯肅隨口應道：「這事到時候再說嘛……」

呂蒙正色道：「這樣恐怕不行。當今吳蜀雖已聯盟，但關羽如同熊虎，險惡異常，怎能沒有預謀，做好準備呢？對此，晚輩我倒有些考慮，願意奉獻給您作個參考。」呂蒙於是獻上五條計策，見解獨到精妙，全面深刻。魯肅聽罷又驚又喜，立即起身走到呂蒙身旁，撫拍其背，「真沒想到，你的才智進步如此之快……我以前只知道你乃一介武夫，現在看來，你的學識也十分廣博啊，遠非從前的『吳下阿蒙』了！」

呂蒙笑道：「士別三日，即更刮目相看。」

從此，魯肅對呂蒙尊愛有加，兩人成了好朋友。呂蒙透過努力學習和實戰，終成一代名將而享譽天下。

千百年來，「士別三日，當刮目相看」這句話，之所以成為一句成語，就說明人們對「過去不等於未來」的普遍認同：然而問題的關鍵在於，是否能把這一觀念真正用在自己身上。

目標在前絕不放棄

溫斯頓．倫納德．斯賓塞．邱吉爾爵士（一八七四—一九六五），政治家、畫家、演說家、作家以及記者，曾於一九四〇—一九四五年及一九五一—一九五五年期間兩度任英國首相，被認為是二十世紀最重要的政治領袖之一，帶領英國獲得第二次世界大戰的勝利。據傳為歷史上掌握英語單詞辭彙量最多的人之一（兩萬多），被美國雜誌《展示》列為近百年來世界最有說服力的八大演說家之一。二〇〇二年，英國廣播公司舉行了一項名為「最偉大的一百名英國人」的調查，結果邱吉爾光榮入選。主要作品有《馬拉坎德遠征記》《第二次世界大戰回憶錄》《英語民族史》等。

一九五三年，「由於他在描述歷史與傳記方面的造詣，同時由於他那捍衛崇高的人價值的光輝演說」，榮獲該年度諾貝爾文學獎，獲獎作品為《不需要的戰爭》。

一九四八年，牛津大學舉辦了一個「成功秘訣」講座，邀請偉人邱吉爾做演講。演講開始之前，整個會堂就已擠滿了各界人士，人們準備洗耳恭聽這位大政治家、外交家、文學家的成功秘訣。邱吉爾在隨從的陪同下終於走進了會場，會場上馬上掌聲雷動。邱吉爾走上講臺，脫下大衣交給隨從，然後又摘下了帽子，用手勢示意大家安靜下來，說：「我的成功秘訣有三個：第一是，絕不放棄；第二是，絕不、絕不放棄；第三個是，絕不、絕不、絕不能放棄！我的講演結束了。」

說完後，邱吉爾便穿上大衣，戴上帽子離開了會場。

會場上陷入一片沉寂中。

但不一會兒，全場響起了雷鳴般的掌聲。

沒有失敗，只有放棄，不放棄就不會失敗。獲勝沒有什麼其他秘訣可言，唯一的秘訣就是自己的不斷努力與永不放棄。

堅守「永不放棄」的兩個原則。第一個原則是，永不放棄；第二個原則是當你想放棄時回頭看第一個原則：永不放棄！

成功者與失敗者並沒有多大的區別，只不過是失敗者走了九十九步，而成功者卻多走了最後一步，即第一百步。失敗者跌倒的次數比成功者多一次，成功者站起來的次數比失敗者多一次。

當你走了一千步時，也有可能遭到失敗，但成功卻往往躲在轉角的後面，除非你拐了彎，否則你永遠不可能成功。

有許多人往往對失敗的結論下得太早。當遇到一點點挫折時就對自己的工作產生了懷疑，甚至半途而廢，那前面的努力就都白費了。唯有經得起風雨及種種考驗的人才是最後的勝利者。因此，如果不到最後關頭就絕不要放棄，要永遠相信：成功者不放棄，放棄者不會成功！

不論面對什麼情況，成功者都顯示出創業的勇氣和堅持下去的毅力。他們以一種大無畏的開拓精神，穩步前進在嶄新的道路上，在困難面前泰然處之，堅定不移。

成功者共有的一個重要品質就是在失敗和挫折面前，仍堅定不移地相信自己的能力，而不受外力的阻撓。考察一下一些知名人物的早年生活，就會發現他們之中的一些人曾痛苦地遭受阻攔和潑冷水——人們斷言他絕對做不成想做的事，或者說他根本不具備必要的條件。但他們不聽這一套，堅定地按照自己的信念做下去！

伍迪·艾倫，奧斯卡最佳編劇、最佳製片人、最佳導演、最佳男演員金像獎得主，可他在大學時連英語也不及格。

馬爾科姆·富比士，世界最大的商業出版物之一——《富比士》雜誌的主編，卻沒能當上普林斯頓大學校刊編輯。

利昂·尤利斯，作家、學者、哲學家，卻曾三次沒有通過中學的英文考試。

利文．尤里曼，兩次被提名為奧斯卡金像獎最佳女演員的候選人，當年投考戲劇學院時，卻沒入選，主考者認為她沒有表演才能。

理查．馬尼博士，神經放射學專家，在醫學院一年級時，神經解剖學卻不及格……

滑雪教練員彼得．賽伯特首次透露他將開創一個新的項目時，大家都認為這簡直是天方夜譚。站在科羅拉多大峽谷的一個山頂，賽伯特描述了那個從十二歲就伴隨他的夢想，開始向世人認為不可能的事情進行挑戰。賽伯特的夢想——高臺跳雪——現在已經成為現實。

年輕的伊內蒂．比薩剛從按摩學校畢業後，想在加利福尼亞州美麗的蒙特雷地區見習接診。當地的按摩機構告知他，該地按摩師為數眾多，但卻沒有那麼多的病人。於是在四個月中，比薩每天用十個小時挨家挨戶地毛遂自薦，上門服務。他總共敲響了一萬兩千五百扇門，和六千五百個人交談並邀請他們到他未來的診所就醫。作為對他的毅力和誠摯的回報，在接診的第一個月，他就醫治了兩百三十三名病人，並創下了當月收入七萬兩千美元的紀錄。

開張的第一年，可口可樂公司僅售出了四百瓶可口可樂。

超級球星麥可．喬丹曾被所在的中學籃球隊除名。

賽拉．霍茲沃斯十歲時雙目失明，但她卻成為世界上著名的登山運動員。一九八一年她登上了瑞納雪峰。

瑞弗·詹森，十項全能的冠軍，有一隻腳卻是先天畸形。

賽烏斯博士的處女作《想想我在桑樹街看到的》，曾被二十七家出版商拒絕。第二十八家出版社——文戈出版社，出版了該書並售出六百萬冊。

里查德·貝奇只上了一年大學，之後接受噴射式戰鬥機飛行員的培訓。二十個月後他羽翼初豐，卻辭了職。後來他在一份航空雜誌社任編輯，但該雜誌社旋即破產。失敗接踵而至。當他寫出《美國佬生活中的海鷗》一書時，他仍然覺得自己前途未卜。書稿被擱置八年之久——其間被十八家出版社拒之門外。然而出版之後即被譯成多國文字，銷量達七百萬冊。里查德·貝奇也因此成為享譽世界受人尊重的作家。

作家威廉姆斯·甘迺迪曾著作多篇，但均遭出版商冷遇。直至出版《鐵人》一書才一舉成名，然而就是該書也曾被三家出版社拒之門外。

《心靈雞湯》在海爾斯傳播公司受理出版之前也曾遭三十三家出版社的拒絕。全紐約主要的出版商都說：「書確實好得很，但沒有人愛讀這麼短的小故事。」然而現在《心靈雞湯》系列在世界範圍內售出了一千七百萬冊，並被譯成二十多種文字。

一九三五年，《紐約先驅論壇報》發表的一篇書評把喬治·格什溫的經典之作《鮑蓋與貝思》評論為「地道的激情的垃圾」。

當艾歷克斯·哈里還是一個尚未成名的文學青年時，在四年中他每週都能收到一封退稿信。後來哈里幾欲停止寫作《根》這部著作，並自暴自棄。如此九年，他感到自己壯志難酬，於是準備跳海，了其一生。當他站在船尾，看著波浪滔滔，正欲跳海時，忽然他聽到所有的先人都在呼喚：「你要做你該做的，因為現在他們都在天國凝視著你，切勿放棄！你能勝任，我們期盼著你！」幾週後，《根》的最後部分終於完成了。

約翰．班揚因其宗教觀點而被關入貝德福監獄，在那裡他寫出《天路歷程》；雷利爵士在身陷囹圄的十三年中寫出了《世界歷史》；馬丁．路德被羈押在瓦爾特堡時譯出了《聖經》。

湯瑪斯．卡萊爾的《法蘭西革命》一書的手稿被朋友的僕人不慎當成了引火之物，然而卡萊爾只是平靜地從頭又寫出一部《法蘭西革命》。

一九六二年，四名少女夢想開始專業歌手的生涯。她們先是在教堂中演唱並舉辦小型音樂會，後來灌製了一張唱片，但未獲成功。接著又灌製一張唱片，但銷路極差。第三張、第四張、第五張直至第九張唱片都未能走紅。一九六四年，她們因《偵探克拉克的表演》而小有名聲，但這張唱片也是訂貨寥寥，收支僅僅持平。那年年底，她們錄製了《我們的愛要去何方》，結果榮登金曲排行榜榜首。戴安娜．羅絲及其「超級者」組合開始贏得國人的認同，引起樂壇轟動而聲名鵲起。

溫斯頓．邱吉爾曾被牛津大學和劍橋大學以其文科太差的理由而拒之門外。

美國著名畫家詹姆斯．惠斯勒曾因化學不及格而被西點軍校開除。

一九〇五年，阿爾伯特．愛因斯坦的博士論文在波恩大學未獲通過，原因是論文離題而且充滿奇思怪想。愛因斯坦感到沮喪，但這卻未能使他一蹶不振。

這些有名的成功者並沒有被挫折、失敗嚇倒，也沒有聽從別人好意然而卻是消極的勸告；相反的，他們重新考慮那些權威們下的結論，並否定了這些結論。他們勇敢地再前進了一步。

邱吉爾（*1874*年*11*月*30*日－*1965*年*1*月*24*日）
邱吉爾被認為是*20*世紀最重要的政治領袖之一，對英國乃至於世界均影響深遠。此外，他在文學上也有很高的成就，曾於*1953*年獲諾貝爾文學獎。

不斷提高自己接受挑戰的能力

亨利·陶布（一九一五—二〇〇五），美國無機化學家。父母來自德國，生於俄羅斯，後來遷到加拿大，他生於加拿大。一九三七年移居美國，一九四二年加入美國籍。一九四〇年在加利福尼亞大學獲得博士學位。曾任康乃爾大學助理教授，芝加哥大學教授和化學系主任。一九六二年起任史丹福大學無機化學教授，長期從事無機化學的基礎研究，研究領域十分廣泛。

一九八三年，因他對金屬配位化合物的電子轉移機理的研究，榮獲該年度諾貝爾化學獎。

許多人以為，學習只是青少年時代的事情，只有學校才是學習的場所，自己已經是成年人，並且早已走向社會了，因而沒有必要再進行學習，除非為了取得文憑。

這種看法乍看之下似乎很有道理，其實是不對的。在學校裡自然要學習，難道走出校門就不必再學了嗎？學校裡學的那些東西，就已經夠用了嗎？其實，學校裡學的東西是十分有限的。工作中、生活中需要相當多的知識和技能，有些知識和技能課本上都沒有，老師也沒有教給我們，它們完全要靠我們在實踐中邊學邊摸索。

可以說，如果我們不繼續學習，我們就無法獲得生活和工作中所需要的知識，無法使自己適應急速變化的時代。我們不僅不能做好本職工作，反而有被時代淘汰的危險。

有些人走出學校、投身社會後，往往不再重視學習，似乎頭腦裡面裝下的東西已經夠多了，再學會脹破腦袋。殊不知，學校裡學到的只是一些基礎知識，數量十分有限，離實際需要還差得很遠。

特別是在科學技術飛速發展的今天，我們只有以更大的熱情，如飢似渴地學習、學習、再學習，才能使自己豐富和深刻起來，才能不斷地提高自己的整體素質，以便更好地投身到工作和事業中。

據美國國家研究委員會調查，半數的勞工技能在一—五年內就會變得毫無用處，而以前這段技能的淘汰期是七—十四年。特別是在工程領域，畢業十年後還能派上用場的所學不足四分之一。

因此，學習已變成隨時隨地的必要選擇。

美國人認為：年輕時，究竟懂得多少並不重要；懂得學習，就會獲得足夠的知識。

學習不光是學問家的事情。無論從事哪一種事業，都需要不斷地學習。只有學習才能擴大視野，獲取知識，積累智慧，把工作做得更好。

大凡傑出的人，都是終身孜孜不倦追求知識的人。在漫長的人生道路上，即使再忙再苦再累，他們也不放棄對知識的追求。學習既是他們獲取知識的途徑，又是他們在逆境中的精神支柱。在他們看來，知識是沒有止境的，學習也應該是沒有止境的，學習使他們的思想、心理和精神永遠年輕，也使他們的事業日新月異。

在人生這場競賽中，你應當保持生活的熱情和學習的熱情，不斷吸取能夠使自己繼續成長的東西來充實你的頭腦。有位管理學家曾這樣闡述這個觀點：「知識需要提高、挑戰能力不斷增長，否則它將會消亡。」

現實生活中有許多人一旦離開學校，就不再繼續學習了。前幾年，學術單位做了一次調查，結果發現許多人家裡根本沒有買過什麼新書，書架上放的幾乎全是在校學習期間的課本。這反映了一個事實：上班後人們不再讀書，不在工作之外求知，而是往往把時間浪費在閒聊與看電視上。電視節目固然也具有一定的教育作用，但並不是所有的電視節目都如此。我們更應該學一些工作之外的新東西，以增強自己的綜合能力，不斷提高自己適應這個社會的能力，這樣才能在飛速發展的二十一世紀立於不敗之地。

用時間和金錢不斷投資自己

崔琦（一九三九—），美籍華人，美國國家科學院院士，中科院榮譽教授，中國科學院外籍院士。一九三九年，生於河南寶豐縣肖旗鄉范莊村一個農民家庭，一九五一年到北京讀書，一九五二年轉到香港培正中學就讀。一九五七年在香港培正中學畢業，一九五八年赴美國深造，就讀於伊利諾伊奧古斯塔納學院。一九六七年在美國芝加哥大學獲物理學博士學位，此後到著名的貝爾實驗室工作。一九八二年起任普林斯頓大學電子工程系教授，主要從事電子材料基本性質等領域的研究。

一九九八年，因發現分數量子霍耳效應，與勞克林、霍斯特·路德維希·施特默一起榮獲該年度諾貝爾物理學獎，是繼楊振寧、李正道、丁肇中、朱棣文等人之後，第七位獲得諾貝爾獎的美籍華人。

在談到學習與成就時，崔琦有這樣的感慨：

很多朋友和尊敬的同事問我：「為什麼你要離開貝爾實驗室去普林斯頓大學呢？」即使

是在今天，我也不知道答案。或許是因為我在童年時期沒能上學的緣故吧，也許是的。或許是因為孔子在我心中的地位吧，當我獨處時，經常聽到一個微弱的聲音在對我說：「只有學習的一生才是唯一意義深遠的一生。」那麼，有什麼樣的方式能比透過教學來學習更好呢！

是的，正如莎士比亞所說：「他接受學問的薰陶，就像我們呼吸空氣一樣，俯仰之間，皆成心得，在他生命的青春，已經得到了豐富的收穫……對於少年人，他是一個良好模範；對於涉世已深之輩，他是一面可資取法的明鏡；對於老成之士，他是一個後生可畏的小子。」

英特爾公司總裁格羅夫先生的人生格言是：只有偏執狂才能生存。然而對於沈小姐來說，她更相信：只有學習狂才能生存。

雖然沈小姐已經擁有碩士文憑，但她仍然懷有一種危機感。她經常提醒自己：「在知識經濟時代，一切都以格羅夫所說的『十倍速』高速發展，一年不學習，你所擁有的知識就會折舊八十%。所以，我必須『天天學習，天天向上』。」

前不久，沈小姐相繼參加了秘書資格考試和BBC(劍橋商務英語）考試。此外，她還在一所駕駛學校考到一張駕照。沈小姐說：「現在已進入一個『新論資排輩』時代，每一張考來的資格證都代表你的一種工作能力，資格證是求職、加薪和升遷的階梯。」

在一九九八年，當人們搶購演唱會門票的時候，沈小姐卻花三千塊錢買了一套「新世紀廣告專題報告會」的門票，聆聽了六位港臺資深廣告人的個人演講。聆聽成功人士的個人演講會，可以說是沈小姐的一個業餘愛好。她曾先後聆聽了香港推銷大王馮兩努的《企業領袖才能》、著名職業經理人吳士宏的《與成功有約》的講演。沈小姐還打算報考上海中歐國際工商MBA，十八個月的MBA學習需要付出一筆不菲的學費。她倒是在所不惜，她輕鬆地說：「其實，學習也是一種投資。」

只有不斷學習，才能不斷地適應外部環境的變化。一旦學習停滯了，生存就難了。

一九九四年十一月，義大利首都羅馬舉行了「首屆世界終生學習會議」，提出「終生學習是二十一世紀的生存概念」，強調：「如果沒有終生學習的意識和能力，就難以在二十一世紀生存。」

《美國二〇〇一年教育戰略》中寫道：「今天，一個人如果想到美國生活得好，僅有工作技能是不夠的，還須不斷學習，以成為更好的家長、鄰居、公民和朋友。學習不僅是為了謀生，而且是為了創造生活。」

可以這樣說，學習化生存觀念是由資訊社會、知識經濟時代催生的細胞，而學習化生存觀念又是資訊社會、知識經濟時代的支撐基石。今天，社會變革的潮流一浪高過一浪，我們在面對競爭日趨激烈的現實時，必須有學習生存的觀念，如不終生學習就會被淘汰。

成功者的特徵，就是能隨時隨地求進步。他害怕退步，害怕墮落，因此，他總是透過學習來力求上進。

進步，可以透過學習得到。學習，應是人終生的伴侶。一個人的成就有大小，水準有高低，決定這一切的因素有很多，但最根本的還是學習。正確地利用課餘時間進行學習是善於利用時間的表現。歷史上很多例子都說明，被用來學習的課餘時間並不是大段大段空在那兒的，這些時間是節省出來的，是從睡眠、用餐和娛樂時間中節省出來的。

使人沒有成就、陷入平庸的並不是能力不足，而是不夠勤奮。隨時隨地求進步是一種心態，必須自己用心去引導，它才會像活泉般湧現出來。

心理學家皮爾說：「如果你覺得生活特別艱難，就要老老實實地自省一番，看看毛病在哪裡。我們通常最容易把自己遭受的困難歸咎給別人，或誘稱是無法抗拒的力量。但事實上，你的問題並非你所不能控制的，解決之道正是你自己。」如果一個人常常有消極或無能為力的感覺，就會使自己變得懶惰起來。這時，最能幫助你的就是你自己，改變心態，換上積極奮進的思想，自然會再度站立起來。

書籍多如聳立的高山，知識廣如浩瀚的海洋。功成名就，好比攀登崇山峻嶺，橫渡瀚海大洋，路途漫漫，困難重重，絕非短期之功可以畢其役。鍥而捨之，朽木不折；鍥而不捨，金石可鏤。知識一天沒有積累時，不是在維持現狀，而是在減少。而且，積累也不是一般概念上的加法，而是乘法。當你的知識積累到一定程度時，會爆發出一個個靈感來，這種靈感會使你一下子明白許多以前似懂非懂的東西，會使你悟出許多書本上沒有學過的東西。這樣，你的知識豈不是呈幾何倍數地增長了嗎？

「其實，學習也是一種投資。」
只有不斷學習，才能不斷地適應外部環境的變化。一旦學習停滯了，生存就難了。

學習不是僅僅局限於書本

魯道夫．馬庫斯（一九二三—），加拿大裔美國科學家。一九二三年生於加拿大蒙特婁，一九四三年和一九四六年先後在麥吉爾大學取得學士和博士學位，之後在加拿大國家研究理事會做博士後，在北卡羅來那州立大學做理論研究。一九五一—一九六四年在布魯克林理工學院任教；一九六四—一九七八年在伊利諾州立大學任教；一九七八年開始在加州理工學院任教。

一九九二年，因為他用簡單的數學方式表達了電子在分子間轉移時，分子體系的能量是如何受其影響的，奠定了電子轉移過程理論的基礎，榮獲該年度諾貝爾化學獎。

馬庫斯是一位嚴謹的科學家，但他對生活智慧也頗有心得：「追求智慧、喜歡讀書、解決困惑、探索新的未知領域，這都是我喜歡的，並願與所有喜歡在生命中追求挑戰的人共勉。不過科學家的生活並不僅僅有科學，家庭、音樂、歷史、運動、友誼和旅行都將豐富一個人的生活。生活中充滿了挑戰，我願你們和我一樣樂於接受挑戰。」

魯道夫．馬庫斯還提醒大家記住的一點是：書本中獲得的經驗，儘管有價值，但它仍然只是「知識」；而從自己實際生活中得到的經驗才是「智慧」，一點智慧也要比眾多的知識更有價值。

同樣，正如伯靈布洛克爵士所說：「那些不能直接或間接使我們成為更好的人或更好的公民的學習，充其量不過是一種閒適的遊戲，我們從此獲得的知識也不過是一種無知，此外無他。」

有啟發性的閱讀儘管是有益的，但也只是啟迪心靈的一種方法，它對塑造人格產生的影響遠比不上實踐的經驗和良好的榜樣。因此，必須承認，教育的主要目的並不僅僅是用他人的思想填滿自己的腦袋，被動地接受他人的影響，而是要拓展個人的智慧，使自己能夠勝任自己的工作，成為對社會有用的人。很多精明強幹的人都沒讀過多少書，十八世紀最著名的工程師布林德利和蒸汽火車之父史蒂文生直到成年以後才學會讀書寫字，但他們卻創出了偉大的事業。

約翰．翰特二十歲的時候還不識字，但他會做各種各樣的桌子和椅子。這位偉大的生理學家有一次指著眼前的一塊標本這樣對他班上的學生講：「我從沒有讀過書。如果你們想在專業領域裡做出成績的話，你們必須研究這個。」當友人指責他忽視書本學習的時候，他說：「我會教他們在死屍上研究，這是任何死的語言中都沒有的東西。」

因此，重要的並不是你掌握了多少書本知識，而是你對知識的掌握和運用程度。

「知識就是力量」這句口號鼓舞著千千萬萬的人在知識的海洋中不斷地探求。知識已從某種意義上成了財富、地位和能力的象徵。古人曾說過：「書中自有顏如玉，書中自有黃金屋，書中自有千鍾粟。」由此可見，讀書與獲取知識在人們心目中的地位是何等重要。但是隨著時代的發展，人們打破了往日對知識的理解。人們已認識到：知識與能力並不完全是相等的，知識並不等於能力。二十一世紀對能力含義的新要求，迫使人們重新審視自己所學的知識。但不管時代怎樣發展，你都應使頭腦保持清醒，你必須瞭解知識與能力的關係。

培根在提出「知識就是力量」的口號以後，又明確地指出：「各種學問並不把它們本身的用途教給我們，如何應用這些學問乃是學問以外的、學問以上的一種智慧。」這也就是說，光有了書本知識，並不等於有了與之相應的能力，運用與知識之間還有一個轉化過程，即學以致用的過程。

例如，在大陸重要的電子工業製造基地深圳，高級技工的身價一天天看漲，部分空有學歷證書的碩士、博士的薪水都有被超越的危機了。在老觀念中，像深圳這類靠電子製造業等所謂高科技起家的新興城市，一張拿得出手的畢業證書是起碼的敲門磚；但現在，如果這個學歷證書沒有實際操作能力和社會經驗附著在上面，那還真不如一個八級工手頭的鉗子和焊槍。

此外在做人的成熟上面也不是光靠書本的。你是否見過，一個知識、學歷都遠不如他人的人，卻能比那些學歷高、能力強的人擁有更好的人緣？這類人通常是學識低、情商高的人。而且還有不少學歷水準較高的人卻被學歷不如他的人領導著，他們的收入也當然沒有後者高。這是什麼原因呢？

用自己的眼睛去觀察，根據實際的體驗而熟悉世故的人，和單從書本上獲得知識，卻不諳人情世故者，不但有根本上的差異，而且比後者更優秀。不諳世故的學者，就像牛頓一樣，是透過三稜鏡看光線，用顏色把人類分類，這個人是這種顏色，那個人是那種顏色。而經驗豐富的染匠卻不同，他們知道顏色有明度、有彩度，也知道雖然看起來是一種顏色，其實它是由種種顏色混合而成的。在這個世上，根本就沒有只用一種顏色構成的人，或多或少都混合了其他顏色，摻入了其他的影子。不僅如此，正如絲會隨著光線照射的角度，而變幻出各種顏色一般，能根據當時當地的情況，變換不同顏色的，正是人。

所以，我們不應做一個脫離社會，脫離生活的「書呆子」，而應該在綜合運用所學知識、所見所聞與判斷能力，建立起自己的人格、行為模式、禮儀禮節的基礎上，去瞭解一些人情世故，多加磨練。你不妨多看看有關社會學方面的書，把書上所寫的和現實加以比較。如果不實際踏入社會親身體驗，仔細觀察，是無法活用那些辛苦得來的知識的，有時甚至還會誤入歧途。

生活是一部大課本。有志向的年輕人要善於讀生活這本「無字書」，體悟成敗之理。「讀萬卷書，行萬里路」，是說人要有較多的知識和豐富的閱歷，也是說人們要能理論結合實際，善於利用知識處理各種事情。豐富的閱歷是成大事者不可缺少的資本，特別是年輕人，他們的閱歷一般較少，這就要求他們不但要注意書本知識，也要注重生活、社會中的知識積累。南宋陸游有詩云：「紙上得來終覺淺，絕知此事要躬行。」讀書學習獲取知識固然重要，但實踐獲得真知也是必不可少的。

如果你有很多的知識但卻不知如何應用，那麼你擁有的知識就只是死的知識。魯迅說：「用自己的眼睛去讀世間這一部活書……倘只看書，便變成書櫥，即使自己覺得有趣，而那趣味其實是已在逐漸硬化，逐漸死去了。」死的知識不但對人無益，不能解決實際問題，還可能帶來損害，就像古時候紙上談兵的趙括一樣無法避免失敗。因此，你在學習知識時，不但要讓自己成為知識的倉庫，還要讓自己成為知識的熔爐，把所學知識在熔爐中消化、吸收。

你應結合所學的知識，參與學以致用活動，提高自己運用知識和活化知識的能力，使你的學習過程轉變為提高能力、增長見識、創造價值的過程。你還應加強知識的學習和能力的培養，並把兩者的關係調整到最佳，使知識與能力能夠相得益彰，發揮出前所未有的潛力和作用。

透過閱讀「有字之書」，你可以學習前人積累的知識、前人學以致用的經驗，並從中取得借鑑，避免走岔道、走彎路；透過讀「無字之書」，你可以瞭解現實，認識世界，並從「創造歷史」的人那裡學到書本中沒有的知識。

你要想讀好「無字之書」，就必須腳踏實地，有深入調查及求實的精神。這種精神，不但可以幫你糾正「有字之書」之中的錯誤，掌握真正的知識，而且還會令你學到新的知識。譬如蘇軾曾寫過一篇《石鐘山記》，文章記述了他親臨絕壁深潭實地考察而糾正了唐代李渤因石鐘山有兩塊石頭「扣而聆之，南聲函胡，北音清越，桴止響騰，餘韻徐歇」而得名的說法；對於北魏酈道元的「下臨深潭，微風鼓浪，水石相搏，聲如洪鐘」而得名的說法進行了肯定。

又如，書中所寫的亞里斯多德關於物體降落的速度是依物體本身的輕重決定的理論，學者們都沒有加以證明就全盤地接受了。因為在當時學者的心目中，除了上帝，只有亞里斯多德永遠是對的。但是，年僅二十五歲的伽利略卻因善於讀「無字之書」，透過進行試驗把亞里斯多德的錯誤理論推翻了。

要想讀好「無字之書」，必須步步留心，時時在意。在《紅樓夢》的第二回描寫了黛玉初到賈府的情形，「唯恐被人恥笑了他去」，於是便「步步留心，時時在意」，也因此觀察到了賈府很多「與別家不同」的地方。

讀「有字之書」必須上正規大學，而讀「無字之書」則要進「社會大學」。如果說正規大學是一片湖泊，那麼「社會大學」就是大海，永遠沒有畢業之時。

善讀書，而不唯書，把「有字之書」與「無字之書」相結合，這是獲取更多精神財富成就大事的一條準則。

變化帶來機遇

維爾納·海森堡（一九〇一——一九七六），德國物理學家。一九〇一年出生於德國，一九二三年在慕尼黑大學獲得理論物理學博士學位。一九二四年到一九二七年，在哥本哈根與丹麥物理學家尼爾斯·玻爾共事。一九二五年，發表第一篇關於量子力學的重要論文。一九二七年，得出「測不準原理」這一著名結論。一九三二年，由於在取得整個科學史上最重要的成就之一——量子力學的創立中所發揮的作用，獲得該年度諾貝爾物理獎。

海森堡認為萬物皆變，每一個變化都會帶來機遇。他年輕時勤奮好學，並敢於向前輩提出自己獨到的見解。海森堡二十歲上大二時，在「玻爾節」上聽玻爾演講，就敢在眾人面前站起來向玻爾提出極具挑戰性的問題。有一次，他在聽物理學界權威之一的玻恩教授講課後遞上一張紙條，恭敬地說：「這是我對先生研究的一點學習心得。」當玻恩回去後打開一看，大吃一驚，紙條內容正是自己研究不深、疏忽之處，沒想到那個「毛頭小子」研究得如此深刻，後悔沒有與海森堡當面切磋。

正如維爾納．海森堡所說：萬物皆變，每一個變化都會帶來機遇。萬事萬物都是在不斷變化、不停發展、永恆動態的。或許我們現在的做事方式最適合現在的情況，但是聰明的人總是走一步想兩步看三步，而不是死守眼前，鼠目寸光。他們總是在前進的過程中不斷調整自己的思路，修改自己的計畫，甚至脫胎換骨，即使失去一部分眼前利益，也是在所不惜的。

其實，世界上沒有一樣東西是沒有變化的。墨守成規，等待你的只有失去機遇，失去活力，最終將失去你自己。要想永遠立於不敗之地，你就得適應形勢，在不斷變化的時代中不斷更新自己的觀念，順應時代潮流。因為只有順應它，你才可能引領它。

不管你是否相信、是否願意相信，變化都是永遠存在的，這是一個不可否認的事實。變化是生活、職場、商業活動必不可少的存在。在生活中，變化是讓我們的生活更有意思、更充滿樂趣的重要原因；在職場，變化是我們加薪、晉升中不可缺少的助力和客觀條件；在商業領域，變化通常是點燃一個好構想、推廣一項新業務或是引發一次新產品革命的星星之火。

變化改變了我們的環境、行業、思維，但更重要的是你從中悟到了什麼？面對變化你該

如何應對？

每一種新事物的出現，都會產生機遇。當年個體戶、股票、房地產、互聯網，成就了無數人，使他們改變了自己的命運，和我們的生活拉開了很大的距離。

二十一世紀最大的時代特徵就是變化，且變化速度越來越快。自然環境在變化，生活環境在變化，職場環境在變化，商業環境也在變化……一切都處於變化中，對於現代人來說，能否適應變化，把握變化，抓住每一次變化中必不可少的機遇，是一個人走向成功的關鍵因素。

變化的時代不需要一成不變

愛因斯坦不足十六歲的時候，有一次乘坐馬車。當他看到馬車在地面上經過時，忽然產生了一個奇怪的念頭：如果有人以光速和光線一齊前進，那麼，是不是將看到光線乃是靜止在空間中的電磁波呢？愛因斯坦在此基礎上提出了偉大的狹義相對論。

愛因斯坦強調敢於創新的重要性，這在當今社會也是不可或缺的。

在激烈的競爭中，慢一分鐘就可能落後。若能洞察先機，搶先一步，就可以捷足先登，獲得成功。搶在別人前頭，就如同在戰鬥中佔領了制高點，自然主動在握，勝券在握。

做第一個吃螃蟹的人，是非常艱難的。但是，要做好一個成功者，一定要如此訓練自己。你必須要具備憑現狀來判斷未來趨勢的能力；現在是零，將來可能就是無限的。

五十年前，松下幸之助覺得小型馬達很有前途，便和下屬商量，他們都表示贊成，於是創立了馬達製造廠。

發表這個消息時，前來採訪的新聞記者問松下：「貴公司靠燈頭成功，真是可喜可賀。但是，馬達不像燈頭那麼簡單，而是正式的工業產品。不但技術、銷售困難，而且已有廠商在做，你們現在才著手，會成功嗎？」

松下反問他們：「謝謝各位的關心。請問各位家裡有沒有使用小型馬達？」結果，在場大約十位記者都說沒有。於是松下接著說下去：「各位想一想，像你們這樣受過高等教育的人，家裡居然沒有使用小型馬達，實在令人驚訝。使用小型馬達是一種必然趨勢，將來各位家裡一定也會用到，必須裝配小型馬達的商品會相繼問世。目前雖是零，但將來的需要量是無限的。因此生產小型馬達，是松下電器公司今後的方針，是否能成功就可想而知了。」

事實證明松下當初的想法沒有錯。現在馬達已成為每個家庭必備的用品之一。可見，有先見之明且大膽實踐是何等的重要。很大程度上，是它在為你不斷贏得先機。你現在要做的，就是不斷創造新的方式，做第一個吃螃蟹的人，來引領時代。

在一切都不斷地激烈變化的今天，如果始終保持一種作風，一種風格，必定會落伍。學會隨時調整以適應時代的變遷，是現代人應有的一種生存方式。比如，對於一個企業來說，要想進一步領先時代，創造新時代，就要敢於冒險，敢於做前人所未做的事情。我們必須選擇不斷開拓創新，否則即使能夠生存，也不可能期待再成長。

現代企業應該把目標放在「創造新時代的經營方式」上，這是非常重要的。

現代的企業管理者，必須有著高瞻遠矚的能力和求新求變的魄力。也就是說，如果企業管理者每天都很認真地工作，那麼對於自己的生意或事業，自然有「希望這樣做，但願會這樣」之類的期望或理想。

當然，經營者不能缺乏察知一年或三年後社會趨勢的所謂「先見之明」。但在變化激烈的當今社會，預料的事未必會實現。因此，除了具備「先見之明」外，還得有自己的抱負，並設法實現。

不過，如果過分被「我想這樣做，我應該要得到」這種想法局限，反而會失敗。因此，必須隨時以現實的態度，虛心地觀察事物，一步一步腳踏實地地去做。在今天這種變化激烈的時代，更不可缺乏自己去創造時代的積極態度。

現代商場的競爭，越來越表面化、白熱化。競爭的結果，當然是有的企業生存下來了，有的則慘敗退陣。這樣殘酷的競爭無處不在，無時不在。如何在競爭中生存下來，是每一個管理者都必須研討、對付的課題。如何在競爭中立於不敗之地呢？如果是正常的競爭，在此情形下，不敗的方法只有一個，那就是快：前進要比別人快，撤退也要比別人快；新產品的推出要快，做出的反應也要快……如此方可佔盡先機，搶先一步，捷足先登。

有的競爭者敗了下來，是由於他們未能及時推出新產品。就在他們還為自己剛開發、生產出來的產品沾沾自喜時，別的廠家生產的新產品早已經面市了，而且這種新產品無論品質還是價格都優於老產品，結果就不言而喻了。松下公司生產收音機時，就有過這樣的情形：當他們設計製成真空管收音機時，很是風光了一陣子；不想，一年半以後，別家更優秀的晶體管收音機面市了，松下電器生產真空管的生產線只好忍痛淘汰。像這樣的情形，進入二十世紀八、九0年代以來，頻率更快了，產品的更新有時甚至都在當年當季進行。如此快速的節奏，管理者如果不夠敏捷，慢了半拍，就會被甩到經濟浪潮的主流之外。因此，松下說：「當同業推出什麼新產品時，我們就要在同一短暫時間推出更新的產品，否則就會成為失敗者。」

激發出你沉睡的創造力

亞歷山大·弗萊明（一八八一—一九五五），英國細菌學家。一八八一年八月六日出生於蘇格蘭基馬爾諾克附近的洛克菲爾德。十三歲時到倫敦做工，由於意外地得到一筆遺產，因此得以進入倫敦大學聖瑪麗醫學院學習，一九〇六年畢業，留在母校的研究室，幫助其師賴特博士進行免疫學研究。一九一八年，返回聖瑪麗醫學院，加緊進行細菌的研究工作。一九二二年，發現了溶菌酶，發表了《皮膚組織和分泌物中所發現的奇特細菌》的報告。一九二九年，在《不列顛實驗病理學雜誌》上，發表了《關於黴菌培養的殺菌作用》的研究論文。一九四三年弗萊明成為英國皇家學會院士，一九四四年被賜予爵士。

一九四五年，由於發現青黴素及其在治療各種傳染病中的臨床效用，與瓦爾特·弗洛里和鮑利斯·錢恩一起獲得該年度諾貝爾生理學或醫學獎。

無可否認，科學家需要有豐富的創造力。弗萊明就認為：所有的機會都源於自己的創造力。他說：「一切新事物的發現都是偶然的：牛頓看見蘋果由樹上落下來，瓦特看見正在沸騰的水壺，倫琴發現一些霧狀感光的底片……而這些人也都具備了足夠的知識，能夠由這些稀鬆平常的偶發事件中發現新的事物。」

確實，在人類往前邁進的每一步背後，都有一些思維活躍的個人在思想中萌發出創造力的種子，這些人的夢想在某一個夜晚將他們喚醒，而另外一些人的夢想卻仍舊在沉睡。這個醒來的人就是我們這個世界必不可少的人。那麼，喚醒你的夢想，喚醒你沉睡已久的創造力吧！

下面讓我來告訴你激發沉睡的創造力的十種方法：

一・確立你的目標

明確的目標，是激發創造力的原動力。先設定自己的目標，然後圍繞目標，具體一步一步地做下去。任何事情都充滿著奇思妙想的胚芽。關鍵不在於這些胚芽，而在於如何讓它們萌發。創新會佔用你的日常工作時間，但你必須知道，務實道路需要有創新。

二・相信自己

激發創造力最大的絆腳石，是認為自己缺乏創造力。很多人的這種觀念完全源自父母、師長錯誤的灌輸。他們從小就被教給這樣的理念：創造力是不可企及之物，應該以敬畏之心看待發明家。但是，即使是最偉大的創新點子，也並非無跡可尋、難以琢磨的。以電視遊樂器發明人諾南．巴希奈為例，他的靈感即來自遊戲與電視這兩項最受人喜愛的東西，經他一結合，變成了價值五億美元的點子。其實，這只不過是一個平凡的聯想。

三．靈感來臨時，隨時記下來

當意識進入睡眠狀態，或沉浸在其他事情時，潛意識仍會繼續思索。詩人雪萊曾說：「偉大的作家、詩人和藝術家，都曾經證實自己作品的靈感來自於潛意識。」

你可以嘗試，在靈感來時，放下手邊的事，立即捕捉它。富有創造力的人都宣稱，他們的靈感通常是在入睡之前，或者剛睡醒時產生的。因此，不妨將便條紙、答錄機放在床邊，以便靈感來時能儘快記錄下來。即使睡意正濃，也別吝於起身整理突如其來的構思，這樣所得到的回報，將遠遠超過加班加點致使睡眠不足所獲得的收益。

四．敢於打破現狀的束縛

創新，就是要敢於對現狀不滿，敢於質疑，敢於追求你更高的目標。

不妨以畫畫的方式，把問題「記」在紙上。畫畫和右半腦的活動有關，它能觸發影像、觀念及直覺；寫字則和主控知識、數字、邏輯的左半腦息息相關。讓思潮隨著信手亂畫飛揚，畫出你所想的問題，並從各種角度來描述它，進一步在腦中將它轉變成動畫。逐步習慣以視覺和腦部知覺來處理問題後，你會驚奇地發現，原來激發靈感是這麼容易。

五．創造一個事業而不只是一項生意

在知識經濟時代，每個人都應該把自己從事的工作當作一項事業，切實感受到自己為他人、為社會正在做出貢獻，從而內心充滿自豪感。正如某位心理學家所說：「成功就像幸福，是不可被追求的，它必須是一個人獻身於一項比自身更偉大的事業時接踵而來的、非故意的負效應。」

六・思考多種方案

平常我們大多養成了「只找一種答案」的習慣。很多商界人士只要發現一個解決問題的好方法，馬上就會鬆口氣，說：「這個辦法不錯，我們就這麼做。」但是更富創意的主管卻會說：「方法是不錯，不過再想想，看有沒有其他更好的方法。」找出各式各樣的解決方法須靠不斷地思考，一有難題，便將它記錄在備忘錄上，並寫出所有你能想到的相關事件及解決方法，然後再向那些你認為可能會提供好建議的人詢問解決之道。

七・經常詰問自己

這種定期反省的方法，可以幫你明晰自己的創造構思。問問自己：「不提出工作計畫對我有什麼好處？我非得在下屬面前扮演指揮者的角色嗎？」常常詰問自己，能使你更肯定或矯正、全然放棄原先的構思。不論使用何種詰問的方法，你都在開啟著新點子的大門。

八・相信自己有可行之道

這種想法可以使你擺脫壓力，讓思潮自然湧現。如果遇到問題時，老是問自己：「我做

得來嗎？這點子行得通嗎？」因擔心做不好、做不成而畏縮不前，反而會阻礙創造力。坦然接受自己、相信自己採取的每種方法、步驟，才能激發你的潛力，使你快速找到答案。

九・組織「腦力激盪」小組

「腦力激盪」是一群人（最好五－八人），針對一個問題，各盡所能地提出任何可以想到的解決方案。要想這個小組的工作能順利開展，在於必須暫時拋卻批評、爭辯，不論別人提出多麼離奇古怪的點子都要認同，使每位員工的思緒在完全無憂無慮的狀態下，盡情發揮想像力。當大家的點子都被掏空時，小組便可以就記錄開始討論了，但為了節省集體討論的時間，必須先讓每位員工把記錄內容過目一遍，再進行辯論。

這個有趣而有效的方法，可以動員更多的腦袋構思尋找解決之道。

十・化創意為行動

所有的構思都必須付諸實踐，才能真正具有價值。不要吝於將創意付諸行動，試試看哪些點子行得通，哪些行不通，然後你就會自己想像出點子，而且發現它對解決問題很有幫助。肯定自己的創造能力，並付諸實踐，你也能成為創意天才。

創新藏在細節中

羅爾夫．M．青克納格爾，瑞士免疫學家、病理學家。一九四四年生於瑞士。一九六八年畢業於巴塞爾大學醫學院，一九七〇年考入蘇黎世大學醫學院的研究所。一九七三年赴澳大利亞，在澳大利亞國立大學約翰．柯廷醫學研究院從事免疫學方面的研究。一九七五年獲得博士學位。一九九六年因發現細胞的內介導免疫特徵，闡明免疫系統如何識別受病毒感染細胞的機制，榮獲該年度諾貝爾生理學或醫學獎。

在談到自己的具體工作時，羅爾夫．M．青克納格爾說：「在坎培拉兩年半的時間是非常成功的，因為這個部門的人是一群愛調查研究的人。他們相信：一個人正確的感覺就是持續地懷疑和接受挑戰。」

在一些人的錯誤觀念裡，創新是始於宏偉的目標、終於備受矚目的結果，瑣碎平淡的細節反而成了制約創新的「魔鬼」。然而，細節是創新之源，要想獲得創新，就必須要明白「不擇小流方以成大海，不拒抔土方以成高山」的道理。

有一句耳熟能詳的話，叫「魔鬼存在於細節之中」。為什麼細節會成為魔鬼的棲身之地呢？因為人們在工作和生活當中，經常會忽略了細節的存在，從而讓魔鬼有機可乘。

其實，「創新」這個非常時髦的字眼，又何嘗不是存在於細節之中呢？

日本豐田公司的經驗也證明，透過細節的創新可能實現對整個企業持續不斷地改善，從而獲得巨大的成效。雖然每一個細節看起來都很小，但是這兒一個小變化，那兒一個小改進，就可以創造出完全不同的產品、工序或服務。如果說創新是一種「小質變」，那麼這種「小質變」經過了「量變」的積累，就自然會達成大的變革和創新。而這種細節的質變卻是簡單的，讓人一看就懂：原來是這樣，我怎麼沒有想到？老子早就說過：「天下難事，必作於易；天下大事，必作於細。」企業的經營，只有重視細節，並從細節著手，才能取得有效的創新。

管理大師彼得·杜拉克說：「行之有效的創新在一開始可能並不起眼。」而這不起眼的細節，往往都會造就創新的靈感，從而能讓一件簡單的事物有了一次超常規的突破。杜拉克認為，創新不是那種浮誇的東西，它要做的只是某件具體的事。

企業要想真正達到推陳出新、革故鼎新的目的，就必須要做好「成也細節，敗也細節」

的思想準備。否則，所謂的創新只能是一句空話。所以，創新並非是以大為美，而是存在於企業經營活動中的既不相同卻又相互關聯的每一個細節之中。

「靈感」是細節。確切地說，靈感是一種靈光，是人腦具有的一種複雜的心理功能和想像，它是透過人腦中若干資訊的相互作用、相互聯繫而展現的一種最佳思維能力。它的價值前面已經說過了。如何在生活和工作中更多地產生靈感呢？下面所列的一些措施有利於培植激勵「靈感」的環境。

首先，你思考問題時要保持一段時期的穩定性，真正深入工作或者生活的細節，勤觀察、勤實驗、勤學習、勤思考。經過這段時期所積累的豐富知識和經驗，在頭腦中反覆思考，就有可能在某種偶然因素的觸發和啟示下，激勵出創新「靈感」的火花。十八世紀初葉，富蘭克林由於有了一段時間從事電研究的實踐，積累了不少知識和經驗。雖然當時人們還不能理解電現象，但在他心中卻把電和許多事物聯繫起來，繼而「靈感」迸發，把電想像成一種流體。在他的最初解釋中，認為這種流體存在於一切物體中。當其處於穩定狀態時，物體不帶電；流體過多時帶正電，流體過少時帶負電；當流體趨向穩定，其表現為吸引力，若引力太大則發生火光。這個初步的解釋，對日後電學的發展產生了巨大的作用。

其次，經過一段時間緊張的工作後，要有一段短暫的放鬆休息。這樣做不但有助於保持身體健康和心理愉快，而且可使你有精力回顧和聯想自己前一段時期積累的經驗和知識。在某種環境的觸發下，湧現出創新的構思，這時應立即記錄下其「靈感」產生的這種新構想。

最後，讓你自己在一定時期中有一些時間自由地參加學術氣氛濃厚的爭鳴討論。由於相互爭鳴，可使大家的大腦活躍，增強神經的興奮性和靈活性，這樣的生理基礎有利於激勵「靈感」。尤其要鼓勵和支持不同學科、不同學派、不同意見（包括反對意見）的激烈爭鳴，這種爭鳴包括相互討論、相互研究、相互交流和發表不同的看法。在這種不同觀點、不同方法的開導和啟發下，人們會針對所爭論的問題更深入地思考、鑽研和實踐，開拓出新思路，並在腦海中產生一種新構想的「靈感」，從而在細節中獲得更好的創新目標。

創新常是在打破過往中發生

李政道（一九二六—），祖籍江蘇蘇州，生於上海，父親李駿康是金陵大學農化系首屆畢業生。在東吳附中、江西聯合中學等校讀中學，因抗戰未畢業。一九四三年，考入遷至貴州的浙江大學物理系，走上物理學之路，師從束星北、王淦昌等教授。一九四五年，轉學到時在昆明的西南聯合大學就讀二年級，師從吳大猷、葉企孫等教授。一九四六年，赴美進入芝加哥大學，師從費米教授。一九五〇年，獲博士學位，開始從事流體力學的湍流、統計物理的相變以及凝聚態物理的極化子的研究。一九五三年，任哥倫比亞大學助理教授，主要從事粒子物理和場論領域的研究。一九五六年，二十九歲時成為哥倫比亞大學兩百多年歷史上最年輕的教授。一九八四年，獲「全校級教授」這一最高職稱，至今仍是哥倫比亞大學裡科學研究最活躍的教授之一。

一九五七年，因對「宇稱不守恆定律」的敏銳研究，三十一歲的他與楊振寧一起獲得該年度諾貝爾物理學獎。

李政道曾說：「創新不光是膽子要大，它還是科學發展必須要有的根基。宇稱守恆定律也是有它的根基的，是前人用實驗證明的。創新兩個字包含了兩層意思，即好的和新的東西。凡是新的東西都把舊的包在裡面，用所有過去的知識都能解釋得通，所以創新不光要大膽，還要具備分析的能力，是在此基礎上的創新。」

對於每一個人來說，做事掌握方法、要領非常必要，因為幾乎任何事情中都存在技術方法問題。任何一個科技人才、文學藝術人才從事任何一項創造活動，都不能離開研究方法和創造技法。巴甫洛夫說，科學是隨著研究方法所獲得的成就而前進的。人類的進步和進化，不得不依賴方法和技法上的創新和突破。因此，把握機遇不得不考慮技術上的突破。

讀過數學的人都懂得古希臘數學家歐幾里德寫的名著《幾何原理》。他首先選出少數原始概念和幾何命題，作為無須證明的定義、公理和公設，然後，以它們作前提，透過演繹推理導出一系列定理，從而建立起世界上第一個完整的幾何理論體系。然而，後來的數學家發現，其中的「第五公理」即「過平面上直線外一點能且僅能作一條直線與已知直線平行」，並不像其他公理公設那樣不證自明，也根本無法在實踐中得到印證。從西元前三世紀開始，有不少人進行該公理的證明工作，但由於證明方法不正確，犯了「循環論證」的錯誤，因此兩千多年來許多富有才華的人耗盡心力，卻全無收穫。

十九世紀初期，匈牙利數學家法．鮑耶也為此耗盡了畢生的精力。他心灰意冷，思想變得極度保守。他的兒子小鮑耶從小酷愛數學，當他一九二〇年考入維也納工程學院時，便下決心要證明「第五公理」。老鮑耶獲悉此事，鑑於自己和歷史上許多學者的失敗教訓，告誡兒子：「希望你放棄這個問題……因為它也會剝奪你生活的一切時間、健康、休息和幸福。」

小鮑耶並沒有聽從父親的忠告，他懷著大無畏的氣概，決心在技術方法上突破。他毅然放棄前人的證明方法，另用歸謬法：假設過平面上直線外一點可以作兩條以上的直線與已知直線平行。如果由此推出和其他公理公設相矛盾的結論，引出謬誤，那麼就可以看作用其他公理公設證明所謂「第五公設」只是定理而不是公理。然而結果是由它推出一系列定理，並沒有和歐氏其他的公理、公設發生矛盾。小鮑耶由此開闢了非歐幾何的新天地，成了非歐幾何學的創始人之一。

鮑耶父子兩代人的經歷發人深省。研究科學的技術和方法對科學的發現具有極端的重要性，由於技術的突破而帶來的科學發現之機遇歷來受到大學者的重視和強調。法國數學家拉普拉斯說：「認識一種天才的研究方法，對於科學的進步……並不比發現本身更少用處。科學研究的方法經常是極富興趣的部分。」

愛因斯坦曾高度評價伽利略將實驗和數學方法結合在一起的「科研」功勞，說：「伽利略的發現以及他所應用的科學推理方法是人類思想史上最偉大的成就之一，而且標誌著物理學的真正開端。」蘇聯學者薩奇柯夫在一九八一年著的《思維方式和研究方法》中引用了馬克思的話：「各種經濟時代的區別，不是生產什麼，而是怎樣生產，用什麼勞動材料生產。」

特別在當今時代，情況複雜，領域寬廣，對手雲集，競爭激烈，要想引領時代、取得成功，方法和技術尤為重要。如，一九五七年蘇聯將第一枚人造衛星送上太空，取得了空間科學技術發展的領先地位。而當時美國也具備了送火箭上天的外在條件，為何卻暫時落後？重要的原因之一就在技術方面——蘇聯的科學家首先想到了將一個大火箭改為上下兩級串聯這一巧妙的技術性手段。

敬業是終生必守的態度與習慣

約瑟夫．默里，美國臨床醫學家。一九一九年生於美國。在麻薩諸塞州聖十字學院獲得學士學位後，又進入哈佛大學醫學院學習。一九九〇年，因在世界上首次完成非同卵生雙胞胎之間的器官移植，榮獲諾貝爾生理學或醫學獎。

在一次標題為《如果再有一次人生》的演說中，約瑟夫．默里這樣說：「如果人生有多幾次可能的話，我將用我的一次人生去從事天文學研究，一次人生去從事胚胎學研究……最重要的是，我希望還有一次人生的機會，再做一回外科醫生兼科學家。」

約瑟夫．默里將他的工作等同於自己的生命，這正說明一個問題：如果你能在工作中把敬業變成習慣，那麼保證你一輩子都將從中受益。

敬業就是敬重你的工作。在你的成長中敬業有兩個層次，低一點的層次是拿了雇主的薪水，就要對雇主有個交代；高一點的層次，就是把工作當成自己的事，對自己的生命負責任。不管是哪個層次，敬業所表現出來的都是認真負責，一絲不苟，善始善終。

大部分的年輕人初進社會，做事都是為了雇主而做，認為能混就混，反正老闆虧了又不用我賠，甚至還扯老闆後腿。事實上這對自己並沒有什麼好處。

敬業看起來是為了老闆，其實是為了自己。敬業的人能從工作中學到比別人更多的經驗，而這些經驗便是你未來發展的踏板。就算你以後從事不同的行業，你的工作方法和好的工作習慣也必會為你的未來助力。

把敬業變成習慣的人，從事任何行業都容易成功。

有的人天生就有敬業精神，任何工作一做就廢寢忘食。有些人的敬業精神則需要培養和鍛鍊。如果你自認為敬業精神不夠，那麼就應趁年輕的時候強迫自己敬業——以認真負責的態度做任何事，直至它變成你的習慣。

敬業的人容易受人尊重，身邊的人也會受你的影響而改變。

敬業的人容易受到提拔，老闆或主管都喜歡敬業的人，因為這樣的人是對公司貢獻最大的人。你敬業，他們求之不得。

把敬業變成習慣之後，也許不能為你帶來立竿見影的效果，但可以肯定的是，不把「敬業」變成習慣的人，他的成就相當有限。因為他的散漫、馬虎、不負責任的做事態度已深入他的潛意識，因此他做任何事都會有「隨便做一做」的直接反應，結果不問也就可知了。

千萬不要總是對目前的工作漫不經心，也不要因為不怎麼喜歡目前的工作而混日子，你應該趁此機會，磨練、培養你的敬業精神，這是你的資產。

很多剛剛踏入社會的年輕人，往往把薪水當成衡量事情是否值得去做的標準。事實如何呢？許多剛從學校畢業的年輕人，沒有什麼工作經驗，老闆是不會把重要的職務交給他們來擔當的。既然這樣，他們又憑什麼向老闆去索取高薪呢？

現在的很多年輕人都把社會看得十分現實。在他們眼中，工作成了這樣一條簡單的定義：我為公司工作，公司付給我同樣價值的報酬，我與公司之間就是一種等價交換的關係。他們絕對不會去為公司多做一點點事情。

在他們眼中，薪水就是一切，學生時代的夢想早已消逝。他們以應付的姿態對待工作，能偷懶就偷懶，能逃避就逃避，他們絕對是「到點才來，下班就走」的那種。他們工作最多是為了對得起老闆付給自己的薪水，而從來沒想過工作會跟自己的前途有何關聯。

很多人缺乏對薪水的認識和理解，他們總認為老闆付給自己的薪水太低，只可惜的是，他們放棄了比薪水更重要的東西。

微軟創始人比爾．蓋茲說：「當你擁有上億資產的時候，金錢對你來說無疑只是個符號而已。」也許，你現在還遠遠沒有達到那種境界，但如果你是一個準備有所成就的人，就會發現薪水只不過是你所獲得的報酬的其中一小部分。

去問那些事業成功的人，如果在沒有利益回報的情況下，他們是否還願意努力去做自己的工作呢？你得到的答案一定是：我會一如既往全力以赴地去工作，因為，我熱愛我的工作。

一個人要想獲得快速的成長，快捷方式就是選擇一種哪怕沒有任何報酬自己也願意努力去做的工作。當你這樣做時，金錢就會自然地追隨你而來，因為所有的公司都將競相聘請這樣的人才，而且他們也願意為你付出更高的報酬。

薪水不等於工作的報酬。透過工作讓自己的潛能得到充分的發揮而使自己快速成長，比什麼都重要。假如工作僅僅是為了生計，你的生命價值將因此而大打折扣。

你的追求不要只局限於滿足生存，而要有更高的目標。千萬別對自己說，工作就是為了薪水。你應看到比薪水更重要的東西——快速成長。

薪水不等於工作的報酬。兢兢業業地工作，讓自己的潛能得到充分的發揮，讓自己快速成長，這比什麼都重要。

按部就班是登峰的捷徑之一

塞爾瑪．拉格洛夫（一八五八—一九四〇），瑞典女作家。一八五八年十月二十日出生於瑞典中部韋姆蘭省的一個世襲貴族地主的家庭，在家鄉美麗的莫爾巴卡莊園度過了童年、青年和晚年。父親是位陸軍中尉，他酷愛文學、熱愛韋姆蘭家鄉風俗習慣，這對小拉格洛夫的文學生涯產生了很大的影響。

拉格洛夫出生後不久左腳不幸成了殘疾，三歲半時，兩腳完全麻痹不能行動，從此以後她總是坐在椅子上聽祖母、姑媽和其他許多人講傳說和故事，七歲以後開始大量閱讀。一八八一年夏，在婦女運動積極分子、女作家愛娃．弗里克賽爾的鼓勵下，拉格洛夫決心一面寫作，一面把自己培養成一名女教師。主要作品有長篇小說《耶路撒冷》、童話《騎鵝歷險記》等。

一九〇九年，「由於她作品中特有的高貴的理想主義、豐富的想像力、平易而優美的風格」，榮獲該年度諾貝爾文學獎，獲獎作品為《騎鵝歷險記》。

拉格洛夫幼年一直生活在鄉村。帶著這種質樸，她懂得人若想獲得成功，是一定要以踏實的工作為前提的。她說，只要你年輕聰明，只要你擁有志向，只要你渴望成功，你就應該踏實地工作。於是，問題出來了，在你踏實工作的時候，是否也在踏實地浪費掉了屬於你的機會？

很多人相信「機會只有一次」或是「只要我做到了，機會自然會來到」，因為他們看不到機會。實在很難想像有任何信念比這個更讓人恐懼了。然而，這個信念在一部分人的集體意識中是如此普遍，以至於足以變成一句陳腔濫調。然而當他們這麼做時，他們就好像是在告訴自己和全世界：「我的創意歲月已經過去了，我的任務已完成了，我的人生已經活完了。」這簡直是無稽之談！

「踏實」不代表木訥的頭腦和缺少競爭意識，相反，它對這些有著更高的要求。在工作中，你需要不斷地去發現機會，把握機會。基於此，你需要做到以下五點：

①養成掌握和獲取大量資訊的習慣；
②培養把握機遇的靈感；
③進行科學的推理和準確的判斷；
④當斷即斷的決斷力；
⑤瞭解其他成功人士的成功經驗。

踏實的人不是被動的人。在通往成功的道路上，每一次機會都會輕輕地敲你的門。不要等待機會去為你開門，因為門閂在你自己這一面。機會也不會跑過來說「你好」，它只是告訴你「站起來，向前走」。

某公司經理招了一個助理——某名校畢業的女生，她不僅聰明漂亮、性格活潑，還寫得一手漂亮大氣的字，很得經理的賞識。

因為有了好感在先，經理對她進行了重點培養。從工作流程到待人接物，她不僅學得快，而且一教就上手，一上手就熟練，跟同事們也都相處得很融洽。後來，經理就開始教她去做一些協調工作，如與其他部門以及各分公司之間的業務聯繫、溝通等。

這次，狀況完全變了，女孩的工作開始出錯，而且還不少，弄得她很緊張。還好經理夠開明，告訴她錯了沒關係，放心去做，遇到問題我會幫你一起解決。但是經理的話並沒有產生多大效果，女孩仍是錯誤不斷。於是她找經理深入地談了一次，交談中，她很疑惑地問經理：「為什麼一直讓我做這樣一些瑣碎的小事？」

經理反問她：「什麼是不瑣碎的工作呢？」女孩想了很久，還是答不上來，最後她告訴經理說：「我認為我的能力不僅僅如此，我可以做一些更加重要的事情。」

看出女孩浮躁、不踏實的心思，經理對她進行了勸解和忠告，但女孩顯然沒有聽進去多少。經理的時間有限，後來只好讓女孩自主選擇自己的發展道路了。

後來的日子裡，女孩的情況略有好轉，但各種小錯也還是不少，卻很少再來找經理。半年後，她來找經理，卻是提出辭職。

問起辭職的原因，她直言：「大學四年功課優秀，沒想到畢業後找到了工作，每天處理的卻都是些諸如貼發票、報銷等瑣碎的小事，很沒有成就感。」

聽到這裡，經理問她：「在貼發票、報帳的這半年時間裡你就沒有什麼特別的收穫？」女孩聽了一愣，然後回答說：「貼發票只要不出錯就行了，還能有什麼特別收穫呀？」

聽女孩這樣一說，經理跟她講起了自己當年的經歷。

當年財務專業畢業後，他進入這家公司財務部做起了一個最不起眼、最不受重視的基層小會計，後來又從財務部調到了總經理辦公室，擔任總經理助理。其中有一項工作，就是幫總經理核銷他所有的票據。這個工作的要求很簡單：把票據貼好，然後完成相關的財務流程即可。

為了在財務上有據可循，同時也是為了上司追查或詢問時能有準確的資料，於是他建立了一個表格，將總經理報銷的所有資料按照時間、數額、消費場所、聯繫人、電話等記錄下來。

經由這樣的一份資料統計，漸漸地他發現了一些上級在商務活動中的規律，比如，哪一類的商務活動，經常在什麼樣的場合，費用預算大概是多少，總經理的公共關係常規和非常規的處理方式，等等。從中，他發現並總結出了總經理乃至整個公司營運有關的費用情況，也大致掌握了公司各方面的經營和運作情況。

總經理安排給他的工作，即便是有些細節未通知他，他也總能考慮到，並非常妥當地加以處理。總經理透過詢問知道他的工作方法和資訊來源後，開始交給他更多重要的工作，他同樣處理得非常好。漸漸地，兩人間形成了一種無須言說的信任和默契……再後來，當他得到提升時，總經理告訴他說他是自己用過的最得力的助理。

聽完經理自己的故事，女孩沒有說話。總經理最後告訴女孩說：「我覺得你最大的問題是沒有踏實地去工作。在看似簡單不動腦子就能完成的工作裡，你沒有把你的心放進去，所以，半年了，你覺得自己沒有進步。」

聽到這裡，女孩還是沒有說話，但卻默默地收回了辭呈。

遺憾的是，女孩並沒有真正地聽進去經理這番用心良苦的話，又堅持了三個月後，她最後還是辭職走了。女孩在後來的日子裡是否會後悔，我們不知道。但是這個經理告訴我們的這一點——工作就要踏踏實實地去做，這無疑是我們工作中不可缺少的一種必備素質。如果你不肯培養這一點，那麼你就會走很多的彎路。

對於一個管理者來說，一個踏實勤奮的下屬總會比一個浮躁不安的下屬更好用，也更受歡迎。

對於同一個水準層次的職場人來說，決定我們發展方向的，很大程度上就在於我們是否有一個踏實的工作態度。能否安心踏實地去工作，這將成為決定我們今後發展方向與程度的分水嶺。

踏實是一種良好的工作態度，也是工作中最需要的一種態度，它是透過自我培養就能達到的。如果你想要讓自己更具競爭力，那就踏踏實實地去工作吧！

沒有最好只有更好

卡爾．威曼，一九五一年三月二十六日出生。一九七三年，獲麻省理工學院科學學士；一九七七年，獲史丹福大學哲學博士；一九九七年，獲芝加哥大學名譽科學博士學位。曾先後任密西根大學物理系助理研究員、物理學助理教授及科羅拉多大學物理學教授。

一九二四年，印度物理學家玻色做出光粒子的理論計算。他將計算結果交給愛因斯坦看，愛因斯坦將這一理論擴展成原子理論，他預測如果原子在極低濕度下冷卻會突然降到最低的溫度，這時原子聚在一起，能量達到最低。整個過程與氣體形成液體的過程相似，由此形成的特質被叫做冷凝物。七〇年代後，威曼教授和另外兩位物理學家於一九九五年成功地獲得了這種狀態下的物質。

二〇〇一年，威曼與科納爾、克特勒因創造了一種像雷射一樣極其純淨的凝聚的物質狀態BEC（玻色——愛因斯坦冷凝物）而共同獲得諾貝爾物理學獎。

卡爾．威曼認為：你必須知道別人對你的期望是什麼，然後滿足他們的期望；然而，只滿足他們的期望還不夠，你還必須超越他們的期望。

必須知道顧客對你有什麼要求，主管對你有什麼要求，然後每一次都要做得比要求的還要好。當你每一次都能這樣做的時候，你在別人的心中一定會成為第一人選，以後他要做這類事的時候都會找你。如果每次顧客要買產品的時候，不管是不是你賣的，他都會找你，你就會成為市場上的第一品牌，在別人的心中擁有很好的美譽度。

當別人都這樣稱讚你，都這樣需要你的時候，你自然而然能成為行業中的頂尖，也自然而然能賺到很多錢。

顧客付給你一千元錢，希望得到一千元錢的價值。但你絕不能只給他一千元錢的價值，要比他的要求還要好十倍。

老闆付給你兩千元一個月，希望得到兩千元以上的效益，但你絕不能只做價值兩千元的事情，你要做值兩萬元以上的事情，發揮十倍以上的效益。

永遠以這樣的態度做事的人，要快速成長就是很容易的事情了。

事實上，你在每一次遵照這個原則去做的時候，對你來講收穫是很大的。因為，你在這麼做的時候，顧客每次對你都有不錯的評價，而且會長期支持你，這會讓你的固定客戶群越來越大。

當你做得比別人要求的還要好的時候，不但別人得到了幫助，同時自己也得到了很大的好處，何樂而不為！

每一位頂尖人士都有這樣的信念，都在想如何可以付出得更多，做得更好，如何做到最好，還有哪裡不夠完美，需要改善，是不是超過了別人的要求，等等。

當你可以給別人最好的東西的時候，你自己也會得到最好的。知道別人對你的期望是什麼，然後滿足他的期望。然而，只滿足對方的期望還不夠，你還必須超越他們的期望，做到更好！

時刻盯著更高的目標努力

一九四九年諾貝爾文學獎得主、美國小說家福克納（一八九七—一九六二）曾入密西西比大學讀書，終因生計問題而輟學。此後，先後在書店當過店員，在密西西比大學郵政所擔任過三年所長，還兼任過童子軍教練。但因一次偶然的機會認識了美國著名作家休伍德·安德森，這改變了福克納的一生。從此，他走上了文學創作的道路。正是由於休伍德·安德森的影響，成就了福克納的偉大事業。關於如何向更好的人物學習，福克納這樣說道：「時刻盯著比你的能力還高的目標。不要在意你是否比你的同代人或你的前輩優秀。試著做得比你自己好。」

如同福克納說的一樣，如果你是公司的一員，你就應該拋開任何藉口，投入自己的熱情，承擔起自己的責任，處處為公司著想。

這個世界上的大部分人之所以貧窮，不在於他們不夠努力，而在於他們永遠同時從事兩件事：一件是目前在公司所從事的，另一件則是自己真正想做的工作。

如果你能將正在做的工作做得和想做的工作一樣出色，那麼你一定會快速成長。因為你在為未來做準備，你正在學習一些足以超越目前職位讓自己儘快達到目標的技巧。

當你精通了某項工作時，請不要陶醉於一時的成績，應想一想將來，想一想現在所做的事有沒有須改進的地方？這些將會使你在未來取得更長足的發展和進步。有些問題也許是董事會要考慮的，但如果你考慮了，你就等於朝更高層次邁進了一步。

如果你是主管，你對自己今天所做的工作完全滿意嗎？別人對你的看法並不重要，最重要的是你對自己的看法。回顧一天的工作，自我反省一下：「我是否全力以赴了？」

如果你是主管，你一定希望你的員工能和你一樣，將工作視為自己的事業全力以赴地做好。因此，當你的主管向你提出這樣的要求時，請你不要拒絕。

以主管的心態對待公司，你就會成為一個值得信賴的人，一個主管樂於聘用的人，一個可能成為主管得力助手的人。更重要的是，你能在快速成長中達成自己的目標。

一個將企業視為己有並盡職盡責完成工作的人，終將會擁有自己的事業。許多管理健全的公司，正在創造一些使員工成為公司股東的機會。因為人們發現，當員工成為企業所有者時，他們通常會更加忠誠，更具創造力，更努力工作。

有一條永遠不變的真理：當你像主管一樣思考時，你就成了一名主管。當你以主管的心態對待公司時，公司也將會按比例付給你報酬。獎勵時間可能不是現在，但明天或明年一定會兌現，只不過兌現的方式不同而已。

然而，在當今這種激烈的競爭環境下，你一定在感慨自己的付出與得到的報酬並不成比例。下一次，當你感覺得不到理想薪水、未能獲得上司賞識時，請提醒自己：你是在自己的公司裡為自己做事，你的產品就是你自己。

站在主管的立場上，試想一下你現在是那種主管喜歡雇用的員工嗎？

當你正考慮如何避免一份討厭的差事時請反問自己：如果我是主管，我會如何處理？

當你所採取的行動與你身為一名普通員工時所做的完全相同的話，你就已經具有處理更重要事務的能力了，那麼你也會很快成為優秀的主管。反之，你還需要更進一步，朝著更高的目標努力！

奉獻中自會帶來快樂

傑羅姆．卡爾勒，美國物理學家、化學家。一九一八年出生於美國。一九三三年就讀於紐約市立大學，獲得化學和生物學學士學位。一九三八年到哈佛大學攻讀生物學，同年獲得碩士學位。一九四〇年在密西根大學攻讀物理化學專業，一九四四年獲得博士學位。一九七六年入選美國國家科學院。一九八一—一九八四年當選為國際晶體學聯合會主席。因開發出應用X射線衍射技術，在用「直接計算法」確定物質晶體結構方面做出了創造性貢獻，榮獲一九八五年諾貝爾化學獎。

在傑羅姆．卡爾勒致年輕學生們的信中有這樣一段話：

「不管你對將來的生活做出怎樣的決定，記住這一點是重要的：科學意味著獻身真理，不全力以赴是根本不行的，要有奉獻精神。

「有些年輕人被吸引到從事科學事業中來，因為在那裡有獲取崇高聲望的機遇。由於工作突出或做出了有價值的發現而受到人們的賞識，當然是一件快樂的事；但是取得崇高聲譽的機遇是很少的，而且在榮譽後面許多非常辛勤的工作往往被人們忽視。從你所從事的工作中獲得滿足以及不時地親身感受所取得的一些成功，是幸福生活最重要的內容。

「你們當中那些選擇自然科學作為自己將來職業的人，將在瞭解自然和導致重大發現的艱苦工作中體驗巨大的快樂。

「請記住，一個獻身於真理的有道德的人，也是一個具有內在尊嚴的人，從而能與自己和諧相處，這同樣會帶來歡樂和舒暢。」

當我們理解傑羅姆．卡爾勒的忠告時，我們應該深深懂得工作不是我們為了謀生才做的事，而是我們要全力以赴用生命去做的事。

把自己喜歡的並且樂在其中的事情當成使命來做，就能發掘出自己特有的能力。即使是辛苦枯燥的工作，也能從中感受到價值。

一個人的工作，是他親手製成的雕像。是美麗還是醜惡，可愛還是可憎，都是由他一手造成的。而一個人在工作中的一舉一動，無論是寫一封信，出售一件貨物，或是打一通電話，都在說明這尊雕像或美或醜，或可愛或可憎。

如果一個人輕視他自己的工作，而且做得很粗陋，那麼他絕不會尊敬自己。如果一個人認為他的工作辛苦、煩悶，那麼他的工作絕不會做好，這一工作也無法發揮他內在的特長。

一個人對工作所持的態度，和他本人的性情、做事的才能有著密切的關係。要看一個人能否達成自己的心願，只要看他工作時的精神和態度就可以了。如果某人做事的時候，感到受了束縛，感到所做的工作勞碌辛苦，沒有任何趣味可言，那麼他絕不會做出偉大的成就。

不論做何事，務須全力以赴，這種精神的有無可以決定一個人日後事業上的成功與失敗。一個人工作時，如果能以生生不息的精神、火焰般的熱忱，充分發揮自己的特長，那麼不論所做的工作如何，都不會覺得勞苦。

在工作中，常常有許多人認為自己在為上司工作，為公司工作，認為自己沒有得到期待的回報，以致心中不平，想藉此怠工，或以其他動作來報復，甚至想要轟主管下臺。

但是，我們平心靜氣地想一想：如果我們全力以赴，最終成果輝煌，誰最佔便宜？如果我偷懶，表現不佳，誰最吃虧？固然主管也許會因我們表現的好壞而受到不同程度的影響，但真正影響最大的是我們自己。

不管你的工作看起來是怎樣的卑微，你都應當付之以藝術家的精神，用生命去做。

在任何情形之下，都不允許對自己的工作表示厭惡；厭惡自己的工作，最終也會遭到工作的厭惡。如果你為環境所迫而做一些乏味的工作，你也應當設法從這些乏味的工作中找出樂趣來。

用奉獻的精神去做事吧，這樣定能帶來快樂！

做最好的自己

二〇〇一年諾貝爾生理學或醫學獎得主蒂姆·亨特博士（一九四三—）於一九九一年任英國皇家科學院院士以及美國國家科學院外籍院士，一九九三年獲美國華盛頓大學頒發的亞伯拉罕·懷特科學成果獎。

蒂姆·亨特曾寄語青年人說：「我想重要的一條就是做各種各樣的事，不能老在教室裡讀書，要透過廣泛的活動來確定自己的愛好和特長。一個人也許適合寫作，或是當會計，或是做足球運動員，但一定要做最好的自己！」

現在流行一個概念「生涯規劃」。所謂「生涯規劃」，就是把未來想做什麼、如何做，在什麼年齡做些什麼事等做成計畫，然後按照這些計畫去努力。

不過也有人根本不贊同「生涯規劃」，因為未來是個未知數，不但「天有不測風雲，人有旦夕禍福」，而且又常常「有心栽花花不發，無心插柳柳成蔭」，因此一切隨緣反而比較好。這種說法也有道理，不過隨緣說起來容易，真的要達到這種境界卻很難，因此面對不可知的未來，很少有人能坦然自在的。這就像在森林中迷路一樣，不知走向哪裡才好。因此「生涯規劃」還是極有必要的。雖然你所規劃的前程會因主客觀情勢的變化而有所改變，但總比茫茫然不知何去何從來得踏實。

「生涯規劃」開始得越早越好，不過大部分人都是踏入社會後才有此自覺。踏入社會後才來規劃，事實上也不遲，反而更實際些。

有了規劃，就要事先做準備。不過，就如前面所言，人有旦夕禍福，有些事是人們無法料想到的，因此你的規劃必須適應主客觀的情勢，做某種程度的修正。但要避免全盤推翻，因為這會浪費你過去的努力，除非你發現過去的規劃是錯的！

最重要的一點是，有了規劃，就要徹底執行，並且要有面對問題和挑戰的勇氣。因循苟且，你的規劃絕對會打折扣，甚至根本不可能實現。

瞭解自己，有堅定的奮鬥目標和生涯規劃，並按照情況的變化及時調整自己的奮鬥方向和目標，一個人才有可能實現自己的理想與願望，最終成就最好的自己。那麼該怎樣去做自己的「生涯規劃」呢？

一・生涯規劃的概念及分類

生涯規劃按時間期限的不同，可以劃分為人生規劃、長期規劃、短期規劃和中期規劃四種，具體說來如下：

人生規劃指整個職業生涯的規劃，包括從求學階段的學業規劃到退休之後的生活規劃，設定整個人生的發展目標。如規劃成為一個有數億資產的公司董事。

長期規劃指五—十年的規劃，主要是指設定較長遠的目標。如規劃三十歲時成為一家中型公司的部門經理，規劃四十歲時成為一家大型公司副總經理等。

中期職業規劃一般為二—五年內的目標與任務。如規劃到不同業務部門做經理，規劃從大型公司部門經理到小公司做總經理等。

短期職業規劃是指兩年以內的規劃，主要是確定近期目標，規劃近期完成的任務。如對專業知識的學習，兩年內掌握哪些業務知識等。

二・生涯規劃的原則

「生涯規劃」的制定要遵循以下幾個原則：

清晰性原則：在制定「生涯規劃」的目標和措施時，要注意清晰具體，要注意實施步驟的明確可行性。

挑戰性原則：目標或措施要具有一定的挑戰性或可持續發展性，僅保持其原來狀況易令人失去奮鬥的動力。

變動性原則：目標或措施要具有一定的彈性或緩衝性，以便當環境發生變化時能隨時進行調整。

一致性原則：這主要是為了規劃的容易達成，包括主目標與分目標、目標與措施、個人目標與組織發展目標等之間的一致性。

激勵性原則：目標要盡量符合自己的性格、興趣、特長，以便對自己產生內在的激勵作用。

合作性原則：個人的目標不是獨立的存在，不免會與他人的目標發生衝突或合作的可能。所以個人的目標與他人的目標間要具有一定的合作性與可協調性。

全程原則：擬定生涯規劃時必須考慮到生涯發展的整個歷程，作全程的考慮。

三・生涯規劃的步驟

最後，我們再來說說「生涯規劃」的具體步驟。主要有以下六個步驟：

（一）自我評估。對自己的興趣、特長、性格、學識、技能、智商、情商以及思維方式、思維方法等進行全面的瞭解和評估，在此基礎上去尋找、選擇自己最適合的職業。

（二）評估生涯機會。主要是評估周邊各種環境因素，如組織環境、政治環境、社會環境、經濟環境等，瞭解自己所處環境的特點、掌握其發展變化情況、明確自己在其中的地位以及其對自己的要求和所能創造的條件等。只有對其有了充分的瞭解和把握，才能做到在複雜的環境中趨利避害，使生涯規劃具有實際意義。

（三）確定發展目標。這裡要注意自己性格、興趣、特長與選定職業的匹配，更重要的是考察自己所處的內外環境與個人目標是否相適應，不能妄自菲薄，也不能好高騖遠。合理、可行是生涯規劃制定時必須注意的兩大關鍵。

（四）職業生涯發展路線的選擇。在職業目標確定後，向哪一路線發展，如，是技術路線、管理路線，還是走技術＋管理的路線，抑或是走先技術、再管理的路線等，發展路線不同，要求也不同。因此，在生涯規劃中，必須對發展路線做出抉擇，以便及時調整自己的學習、工作以及各種行動措施沿著預定的方向前進。

（五）行動計畫與措施的制訂。在確定了職業生涯的終極目標並選定職業發展的路線後，行動便成了關鍵的環節。這裡所指的行動，是指落實目標的具體措施，主要指為了達成既定目標，在提高工作效率、掌握技能、開發潛能等方面選用的方法。針對行動計畫制訂相應的措施，做到層層分解、具體落實，以便於進行定時檢查和及時調整。

（六）評估與回饋。生涯規劃做好了，還必須在平時不斷地對其執行情況進行評估，並依據評估結果對後續的計畫進行修訂、完善，甚至是修正。

你自己就是一座金礦

一九九四年，喬治．歐拉（一九二七—）因在碳正離子化學方面的研究獲得諾貝爾化學獎。

歐拉在談到是什麼激勵自己取得成功時說：「首先你不要去想你要成為一個偉大的科學家。你做什麼只是因為你想做，你好奇，你有探索的欲望。在得獎前後我是同樣的一個科學家，而且我在得獎後更像一個科學家了。對很多人來說，科學是一種致富的手段，意味著金錢，但對我來說科學是我的熱情所在，我搞研究是因為我喜歡，這是推動力。我要對年輕人說的是要做你真正感興趣的事，盡最大努力做到最好，其他不用去考慮，一切都會來到的。」

看看歐拉吧，我們何必總是羨慕別人的才能、幸運和成就呢？俗話說，人比人，氣死人。你若總是希望別人的美麗草地變成自己的，這不過是空想，而且越想越覺得自己不如別人。其實你並不比別人差，甚至還有可能比他強；換言之，你自己就是一座金礦！

美國西部大開發時期，有位農場主，看到別人都到遙遠的西部開採金礦，於是他也賣掉了自己的山林到西部去投資開礦。但經過幾年折騰，多次更換礦山，都沒有採到金子。當他破產後拖著疲憊的雙腿回到家鄉時，卻發現別人在他原來的山上大規模地開採黃金，原來他的山底下是一座儲量非常豐富的金礦。他長嘆一聲，流下了悔恨的眼淚。

有的人總抱怨自己英雄無用武之地，卻不知道其實是自己坐在一座金礦上而不自知，更無所作為。我們每個人身上都存在著巨大的潛能，只是很多人因沒有發揮出來而不自知。靠什麼來發現自己的潛能，挖掘自己的金礦呢？一靠實幹，二靠學習。只有實幹，才能知道自己是不是這塊料，在實幹中，使出自己的渾身解數，讓自身的天賦潛能充分發揮出來。只有學習，才能不斷開發自己的智慧，不斷提高自己的能力。只有掄錘打鐵才能成為鐵匠，只有下水游泳才能成為游泳健將。實踐出英才，學習增才智，要想成就一番事業就必須扎扎實實做實事，勤勤懇懇學本事，否則只會白白浪費你的金礦，浪費你一生的才能。

愛因斯坦說他「此生只運用了自己體內十分之一的才能」，作為現今為止最偉大的科學家都這樣說，可見每個人的才能都是無限的，每個人都是一座未挖掘的金礦。我們最應該做到的就是：相信自己的潛能，珍惜自己的潛能，挖掘自己的金礦，守護自己的金礦。

責任感是成功者的基本素質

一九九三年諾貝爾生理學及醫學獎得主理查・羅伯茨（一九四三—）給年輕人最大的教誨就是：責任感是人必備的基本素質。他說：「是的，科學家的工作必須和社會進行交流和溝通，要對社會負責。事實上在美國許多大學裡的科學家，他們的科研經費有大部分都是來自於政府撥款，而政府撥款的錢都是來自於大家。所以這些科學家對於公眾負有直接的責任。就我個人而言，我是為一個私人公司工作，因此我必須對公司負責，要遵守法律，而另一方面也必須向社會負責。」

與理查・羅伯茨相比，現在有一部分渴望成為優秀領導者的人，他們如飢似渴地學習各種知識技能，積累經驗，但在付出巨大的努力之後，他們得到的卻往往又與自己的目標相距甚遠，原因就在哪裡？原因就在於他們既沒有明確自己的責任也不明白什麼叫負責。

任何人做了決定就得擔起責任，必須在決策之後負責到底。這就是說，決定產生責任，有責任就要負責，負責實質上就是瞭解你怎樣才能扮演好自己的角色。

在經營不善的公司裡，人們總是推諉責任，不做或延遲做出決定，致使低效率的官僚主義應運而生，從而扼殺決策。在這些公司裡，需要決策的問題遲遲得不到解決，最後擺在某個高層人物面前，逼著他對此做出是或否的表示。就是這些推諉責任的人卻背著領導者猛烈地指責他做了錯誤的決策，不肯放權，不能大膽任用下級。

一個優秀的領導者則不然，他做出決定，並承擔責任，由於要承擔責任，他必須竭力使自己百分之百地明確自己的責任。他的決定是慎重的，如果他不清楚是否應由他做出決定，他或是與上司聯繫，或寧可鋌而走險自己做主。優秀的經理懂得，澄清模糊的責任界限的最佳途徑，便是做出決斷，期待別人有朝一日向他挑戰，這就是他釐清責任的機會。他也更清楚，一旦他做出一個以上的壞決定，或做了決定不能負責到底，他就可能被解雇，負責是需要勇氣的。

責任心本是一個虛擬而無時不在的東西，在全社會大力宣揚「職業精神」的今天，將工作責任心與生存聯繫在一起並非危言聳聽。如果你努力進取，積極向上，就必須擔起責任；如果你做出決定並對這些負全責，你就向優秀的目標邁進了一步。

一個人之所以會成功，第一，一定是他的目標明確；第二，一定是非常清楚自己身負的責任。在做決策遇到瓶頸的時候，只要回頭思考一下自己的責任是什麼，就可以很快地解決當前的困擾，然而一般人都沒有責任感，都沒有仔細研究過責任對人的影響。

所以，你不妨先弄清自己的責任到底是什麼，事業上的責任是什麼，對自己經濟上的責任是什麼，對自己的本能、身體上的責任是什麼。在人生最重要的領域當中，讓你自己有一個使命，你會發現自己的行為開始改變，因為你已經擁有核心思想。

舉例說，如果你的經濟使命是要積累財富，在這樣的使命下，你想花錢的時候，通常你會怎麼想？你可能告訴自己：「我必須要存錢。」因為你必須要積累財富。

換個例子來說，如果你在人際關係方面的責任，是要讓彼此感覺很棒，存著這樣的理念，當別人跟你吵架，或是有爭執的時候，你會立刻修正，因為你的責任是讓別人感覺很棒。以責任為導向的思考模式和行為模式，能讓你突破任何的瓶頸，可以說明你的生活更有價值，因為你清楚地知道：你自己要什麼，想做什麼，自己扮演的角色是什麼，為什麼會這樣做。

威爾遜（一八五六—一九二四，美國第二十八任總統）是美國歷史上一位偉大的總統，在這個位置上，他深知自己的責任與義務，並且他也認為，做一些超出自己範圍的事情，總會得到更多的回報。他曾經說道：「我發現，偶然的責任是與機會成正比的。」

也有人說法國的戴高樂是個狂熱的民族主義者，這是沒錯的。幼年的戴高樂在與兄弟們玩戰爭遊戲時，總是堅定不移地由自己來充當法蘭西一方。他堅稱「我的法蘭西」，絕不准任何人對其染指，甚至不惜為此與他的哥哥打得頭破血流，直到他的哥哥無奈地承認：「好了，我不和你爭了，是你的法蘭西，是你的。」或許這就是天意，日後果然是戴高樂擔當了率領拯救法蘭西民族危亡的大任。這也說不上是天意，因為戴高樂自小就始終以拯救法蘭西為己任。

凡有所建樹者，必有一種擔當大任的責任感。古今中外，莫不如此。禮崩樂壞之時，孔子四處奔走，推行他的「大道」；民族多事之秋，班超毅然投筆從戎，立下不朽功業；山河破碎之際，祖逖聞雞起舞，自強不息；國家危亡在即，孫中山先生義無反顧，投身革命。

逝者如斯，但這種擔當大任的使命感卻應讓其得以代代相傳。勇於擔當大任，就是應該清楚地知道什麼是自己必須做的，不必人逼迫，不用人指令。

「二次大戰」初始，法國投降，剩下英軍孤立無援地和納粹德國作戰。驕傲的德國人以為他們接下來的任務就是準備迎接「和平」的到來。一九四〇年七月十九日，希特勒在帝國國會作了長篇演說，先是對邱吉爾進行了一番痛快淋漓的臭罵，而後「語重心長」地勸說英國人民停止抵抗，並要求邱吉爾做出答覆。而就在他的這番「頗為動人」的勸誡發出不到一個小時，英國廣播公司就用一個簡單的詞做出了答覆：NO！

後來邱吉爾回憶說，這個「NO」不是英國政府通知英國廣播公司的，而是廣播公司的職員在收到希特勒的演講後，自行決定播出的。邱吉爾聲稱他為他的人民感到驕傲。何止是邱吉爾，讀到這個故事的每一個人，又有哪個不為這個敢當大任的廣播公司職員叫好？

是的，天生我材必有用。上天給了我們每一個人擔當大任的本錢與機會，它並不會把「大任」降到哪一個特定的人身上。至於是關在動物園中供人觀賞，還是去大漠馳騁，那應是個人的選擇。

責任喚醒你的最大力量

一九〇八年諾貝爾化學獎得主、英國物理學家歐尼斯特·盧瑟福（一八七一—一九三七），始終對自己的事業充滿熱情，他說：「科學家的生活充滿激情——揭示了自然界的某些奧秘，解決了某些長期令人疑惑不解的問題後所產生的喜悅和激動，簡直是難以形容的，就像是閱讀最精彩的偵探小說一樣，使人的心情久久不能平靜下來。」

確如歐尼斯特·盧瑟福所說，人活在世上，不免要承擔各種責任：家庭、親戚、朋友、國家和社會等。當然，你的責任心最基礎的體現是對家庭。

「責任就是對自己要去做的事情有一種愛。」因為這種愛，所以責任本身就成了生命意義的一種實現，就能從中獲得心靈的滿足。相反，一個不愛家庭的人怎麼會愛他人和事業？

一個在人生中隨波逐流的人怎麼會堅定地負起生活中的責任？這樣的人往往把責任看作是強加給他的負擔，看作是個人純粹的付出而索求回報。

一個不知對自己人生負有什麼責任的人，甚至無法弄清他在世界上的責任是什麼。有一位小姐向托爾斯泰請教，為了盡到對人類的責任，她應該做些什麼，托爾斯泰聽了非常反感。因此想道：人們為之受苦的巨大災難就在於沒有自己的信念，卻偏要做出按照某種信念生活的樣子。當然，這樣的信念只能是空洞的。更常見的情況是，許多人對責任的關係確實是完全被動的，他們之所以把一些做法視為自己的責任，不是出於自覺的選擇，而是由於習慣、時尚、輿論等原因。譬如說，有的人把偶然卻又長期從事的某一職業當作了自己的責任，從不嘗試去擁有真正適合自己本性的事業；有的人看見別人發財和揮霍，便覺得自己也有責任拚命掙錢花錢；有的人十分看重別人尤其是上司對自己的評價，於是謹小慎微地為這種評價而活著。由於他們不曾認真地想過自己的人生究竟是什麼，在責任問題上也就是盲目的了。

如果一個人能對自己的家庭負責，那麼，在包括婚姻和家庭在內的一切社會關係上，他對自己的行為都會有一種負責的態度。如果一個社會是由這樣對自己的人生負責的成員組成的，這個社會就必定是高品質的、有效率的。

有這樣一個有趣的現象：每個人對於自己最大的力量，總是不能清楚認知，除非大責任、大事故，或遭遇生命中的大危難，才能把它催喚出來。

歷史上有許多偉大人物，除非到了自己的勇氣及耐心以外，一切都已喪失，到大難臨頭，驅使他們陷入絕境，而不得不謀求死裡逃生的時候，絕不能發現他們的本來面目。他們之所以成為偉人，就是因為他們是大量的困難之克服者，大危急情形之超越者，他們在克服與超越中，得到了力量。耕田、砍木、做測量員、做州議員、做律師，甚至做國會議員，都無法激起林肯身上的這種力量。只有把國家危急存亡的重任放在他的肩頭，他的這種潛在的力量才得以爆發。在隴畝間、在製革工廠中、做店員、在鎮市中做苦工，這種種境遇，都不足以喚起格蘭特將軍（美國軍事家、政治家，美國南北戰爭後期聯邦軍總司令，第十八任總統）那酣睡著的「偉人性」，甚至連西點軍校、連墨西哥戰爭都不曾將它喚起，如果沒有南北戰爭，則格蘭特這個名字，必將與千千萬萬個名字一樣淹沒在歷史的長河中。

是的，只有在我們感到前無出路、後有追兵的時候，感覺到一切的外援都已絕望的時候，才能發掘出我們全部的力量。我們一天還能得到外援，就一天不能發現我們自己的力量。有多少人其日後之成功，都是受賜予當初的重大不幸——父母的死亡、財產的喪失——迫使他們不得不用自己的雙手去打出一片屬於自己的天空。一段時間以後，他已經練出了別人所沒有的堅強力量與品格，是「責任」造就了他們。

責任是最足以發揮我們力量的東西。從來沒有站在負責任地位的人，絕不能發揮他們全部的力量。在終身處在附屬、卑賤的位置，終身勞役於人的人中，很少見有偉大的人物出現的原因，就在於此。他們的力量因為從來沒有被重大的責任所磨練，所以終其一世都是弱者。有人以為假若一個人生來就有大本領，則這種本領遲早總會顯露出來——這其實是一個錯誤的觀念。本領每個人都有，誰可以顯露出來，誰無法顯露出來，這全看他所處的環境，全看足以喚起志願、喚醒力量的環境之有無。

把重大的責任放在一個人的肩上，驅使他進入絕境，則情勢的要求完全可以把這個人內在的全部力量激發出來。假如在一個人的生命中，有些做大人物、做領袖的成分，責任也可以把它催喚出來。所以，假如有重大的責任擱在你的肩上，你應當高興地接受它——因為它預示著你的成功。

沒有熱情就沒有成功

比昂斯滕·比昂松（一八三二—一九一〇），挪威戲劇家、詩人、小說家。一八三二年十二月八日生於挪威北部一個鄉村牧師家庭，一八五二年就讀於皇家弗里德里克大學，一八五五年後在《每日晨報》和《晚報》任文學戲劇評論員和編輯，一八五七年接替易卜生任挪威第二大城市貝根國家劇院編導，一八六五—一八六七年主持克利斯蒂安尼亞劇院，一八七〇—一八七二年創辦劇院。一九一〇年四月二十六日卒於法國巴黎。

主要作品有劇作《皇帝》《挑戰的手套》，詩集《詩與歌》等。

一九〇三年，因「他以詩人鮮活的靈感和難得的赤子之心，把作品寫得雍容、華麗而又繽紛」，榮獲該年度諾貝爾文學獎，獲獎作品為《挑戰的手套》。

比昂松在從事文學創作的同時也是一位社會學家。他說：「一個人越敢於承擔重任，他就越意氣風發；如果一個人有足夠的膽識與能力，他就沒有什麼該講而不敢講的話，沒有什麼該做而不敢做的事，更沒有什麼心虛畏怯之處。」

托爾斯泰也曾經說過：「一個人若是沒有熱情，他將一事無成，而熱情的基點正是責任感。」

許多年以前，倫敦住著一個小孩，自幼貧病交加，無依無靠，飽嘗了人生的艱辛。為了餬口，不得不在一家印刷廠做童工。

環境雖苦，志氣卻不短。早就與書報結下了不解之緣的他，常常貪婪地佇立在書櫥前，不住地摸著口袋裡僅有的買麵包用的幾個先令。為了買書，他不得不挨餓。一天早晨的上班途中，他在書店的書櫥裡發現了一本打開的新書，便如飢似渴地讀了起來，直到把打開的兩頁讀完才走。翌日晨，他又身不由己地來到了這個書櫥前，奇怪，那本書又往後翻開了兩頁！他又一口氣讀完了。他是多麼想把它買下來呀，可是書價太高了。第三天，奇蹟又出現了：書頁又順序地翻開了兩頁。他又站在那兒讀了起來。就這樣，那本書每天往後翻開兩頁，他每天來讀，直到把全書讀完。這天，書店裡一位慈祥的老人撫摸著他的頭髮說：「好孩子，從今天起，你可以隨時來這個書店，任意翻閱所有的書籍，而不必付錢。」

日月如梭，這個少年後來成了著名的作家和記者——他就是英國一家晚報的主編班傑明。

班傑明之所以自學成功，是因為他苦讀善學，也是因為他遇到了一位極富有責任感的人。善良的老人傾注給他的是人間最美好的東西：溫存憐憫，愛護關懷，鼓舞鞭策。老人向身處困境的少年人打開了嚮往美好生活的心扉，引導他步入知識的世界，為他後來成為對人類有所貢獻、為世人所尊敬的作家而承擔了自己的責任。

對生活的熱愛，對人們、對大自然、對一切美好事物的熱愛，會使一個人認識到自己身負的使命以及應該去承擔的責任，從而努力對社會做出貢獻。

沒有責任感的軍官不是合格的軍官，沒有責任感的員工不是優秀的員工。責任感是簡單而無價的。工作就意味著責任，責任意識會讓我們表現得更加卓越。

西點軍校學生章程規定：每位學生無論在什麼時候，無論在什麼地方，無論穿軍裝與否，也無論是在擔任警衛、值勤等公務還是在進行自己的私人活動，都有義務、有責任履行自己的責任，而不是為了獲得獎賞或其他。

這樣的要求是非常高的。但西點軍校認為，沒有責任感的軍官不是合格的軍官，沒有責任感的員工不是優秀的員工，沒有責任感的公民不是好公民。在任何時候，責任感對自己、對國家、對社會都不可或缺。正是這樣嚴格的要求，讓每一個從西點畢業的學生獲益匪淺。

西點軍校認為，一個人要成為一個好軍人，就必須遵守紀律，有自尊心，為他的部隊和國家感到自豪，對於他的同僚們和上級有高度的責任義務感，對於自己表現出的能力有自信。我認為，這樣的要求，對每一個企業的員工同樣適用。

要將責任根植於內心，讓它成為我們腦海中一種強烈的意識，在日常行為和工作中，這種責任意識會讓我們表現得更加卓越。我們經常可以見到這樣的員工，他們在談到自己的公司時，使用的代名詞通常都是「他們」而不是「我們」，「他們業務部怎麼怎麼樣」，「他們財務部怎麼怎麼樣」，這是一種缺乏責任感的典型表現，這樣的員工至少沒有一種「我們就是整個機構」的認同感。

責任感是不容易獲得的，原因就在於它是由許多小事構成的。但是最基本的是做事成熟，無論多小的事，都能夠比以往任何人做得都好。比如說，該到上班時間了，可是外面陰冷下著雨，而被窩裡又那麼舒服，你還未清醒的責任感讓你在床上多躺了兩分鐘，你一定會問自己，你盡到職責了嗎？還沒有……除非你的責任感真的沒有發芽，你才會欺騙自己。對自己的慈悲就是對責任的侵害，必須積極戰勝它。

不寬恕別人的人，至死也得不到別人的寬恕

一八九八年秋天，美國政治家西奧多．羅斯福被推選為紐約州州長。一九〇〇年當選為美國副總統。一九〇一年麥金利總統遇刺身亡，羅斯福繼任總統並獲連任。羅斯福在任職期間繼續執行麥金利的內外政策。一九〇五年日俄戰爭中，他以美方承認日本吞併朝鮮、日本承認美國對菲律賓的佔領為條件出面「調停」，促使日本和沙俄於一九〇五年九月簽訂了《樸資茅斯條約》。

諾貝爾基金會認為他「調解日俄衝突增進了國際和平」，而授予羅斯福一九〇六年諾貝爾和平獎。

羅斯福因擁有豁達人生而具無窮的魅力。他擁有眾多的追隨者，在談及與人相處的藝術時，羅斯福尖銳地指出：不寬恕別人的人，至死也得不到別人的寬恕。

自然界所有的事物都知道如何以及何時做出寬容。遭遇強風時，樹枝的明智之舉是彎曲而不是逆風折斷。在颶風中，棕櫚樹會以任何方式向地面彎曲，之後又迅速恢復到筆直的狀

態。寬容也可以說是一種勝利。懂得如何寬容的最大好處在於，在你取得勝利的時候，你的對手不會感到被擊敗。

但在現實生活中，有的人遇到一點點委屈或很小的得失便斤斤計較、耿耿於懷；有的學生聽到老師或家長一兩句批評的話就受不了，甚至痛哭流涕；有的學生對學習、生活中一點小小的失誤就認為是莫大的失敗、挫折，長時間寢食不安。這些情況在女學生中比較多見。有的人人際交往面窄，追求少數朋友間的「哥兒們義氣」，只和與自己一致或不超過自己的人交往，容不下那些與自己意見有分歧或比自己強的人。這些情況在男生中表現突出。

狹隘的產生和家庭中不良因素的影響有很大關係。父母狹隘的心胸，為人處世的方法，不良的生活習慣等對子女有潛移默化的影響。有些子女狹隘的性格完全是父母性格的翻版。另外，優越的生活環境、溺愛的教育方式往往易形成子女任性、驕傲、自私等特點，自然是受點委屈便耿耿於懷，對「異己」分子不肯容納與接受。尤其是一些年輕人，閱歷淺、經驗少，遇到問題後，容易把事情想得過於困難和複雜，加之對自己的能力估計不足，對事情感到無能為力，因此容易緊張、焦慮，放心不下。

狹隘的人，不僅生活在一個狹窄的圈子裡，而且他的知識面也非常狹窄。因此，開闊學生的視野很重要。如老師和家長應該多鼓勵學生參加一些社會公益活動，參觀一些偉人、名人紀念館，聽聽英雄人物事蹟等。這能使學生在親身經歷中頓悟很多人生道理。豐富課餘文

化生活，組織多種多樣的文康、體育活動，拓廣興趣範圍，使自己時刻感受到生活、學習中的新鮮刺激，感受到生活的美好，陶冶性情，從而在健康向上的氛圍中增強精神寄託，消除心理壓力。

狹隘的人，其心胸、氣量、見識等都局限在一個狹小範圍內，不寬廣、不宏大。多與人接觸，使學生對不同的人有不同的認識，從而積累更多經驗，他們會從中明白許多對與錯的道理。善於寬容人，這是人的一種美德。對任何事都斤斤計較，他一定是一個狹隘的人。受情緒、認知等的影響，他們會產生一些盲動的行為，甚至會導致難以預料的後果。因此，善於寬容的人，會避免很多不良後果的發生。

與人相處應熱情、直率，善於團結互助，融「小我」於「大我」之中。交往的增多，可加深彼此的瞭解與溝通，更透徹地瞭解別人與自己，開闊心胸。

一個人活在世上，就要充分地挖掘生命的潛能，為社會做貢獻，給別人，給後人留下點有價值的東西。一旦把眼光放在大事上，自己一時的得與失則算不上什麼，對整體、全局有利的人與事就都能容納與接受，使眼光從狹隘的個人圈子裡放出去。拋開「自我中心」，就不會遇事斤斤計較，「心底無私」才能「天地寬」。

微笑是帶來幸福的秘訣

一九七一年諾貝爾文學獎得主，智利詩人巴勃羅·聶魯達以其詩人的浪漫，對微笑做了最好的定義：微笑就是盛開在人們臉上的花朵，微笑是升起在人們心中的太陽，是一個人能夠獻給渴望愛的人們的高貴禮物。當你把這種禮物奉獻給別人的時候，你就能贏得友誼，還可以贏得財富。

西班牙內戰時，一名軍官被俘。在即將被處死的前夜，他掏出僅有的半截香菸，想吸上幾口以緩解臨死前的恐懼，卻沒有火。在他的再三請求之下，看守總算毫無表情地掏出火柴，劃著火。當四目相對時，軍官不由得向士兵送上了一絲微笑。令人驚奇的是，那士兵在幾秒鐘的發愣後，嘴角也不太自然地向上翹了，最後竟也露出了微笑。後來兩人開始交談，談到了各自的故鄉，各自的妻子……最後，那士兵竟然動了感情，並悄悄放了他。

西方一位心理學家做過微笑訓練的實驗，要求參加者每天堅持對人微笑。一個月後，有人感激地說：「我每天堅持這樣做。剛開始時，大家感到驚訝，後來習慣了。這個月家庭中得到的快樂，比過去一年中得到的還多。現在我已養成習慣，而且我發現人人都在對我微笑，以前對我冷若冰霜的人現在也顯得熱情起來了。」

為什麼小小的微笑在人際交往中有如此大的威力？原因就在於這微笑背後傳達的訊息是：「你很受歡迎、我喜歡你、你使我快樂、我很高興見到你。」請問，誰不喜歡這樣的訊息？

一位詩人說：「我最喜歡的一朵花是開在別人臉上的。」微笑就是盛開在人們臉上的花朵，微笑是升起在人們心中的太陽，是一個人能夠獻給渴望愛的人們的高貴禮物。當你把這種禮物奉獻給別人的時候，你就能贏得友誼，還可以贏得財富。

中國有句古話：「人不會笑莫開店！」

外國人說得更直接：「微笑親近財富，沒有微笑，財富將遠離你。」

一位紐約大百貨公司的人事經理曾這樣說：「我寧願雇用一名有可愛笑容而沒有念完中學的女孩，也不願雇用一個擺著撲克面孔的哲學博士。」

世界著名的希爾頓大酒店創始人希爾頓先生的成功，也得益於他母親的「微笑」。母親曾對他說：「孩子，你要成功，必須找到一種方法，符合以下四個條件：第一，要簡單；第二，要容易做；第三，要不花本錢；第四，能長期運用。」這究竟是什麼方法？母親笑而未答。希爾頓反覆觀察、思考，猛然找到了：是微笑，只有微笑才完全符合這四個條件。後來，他果然用微笑闖進了成功之門，將酒店開到了全世界的各大城市。

難怪一位商人如此讚嘆：「微笑不用花錢，卻永遠價值連城。」微笑在商場有如此舉足輕重的地位，所以，服務業員工職前培訓的首要內容一定是「微笑服務」。

對我們每一個人來說，微笑輕而易舉，卻能照亮所有看到它的人，像穿過烏雲的太陽，帶給人們溫暖。讓我們微笑吧，微笑著面對生活，面對周圍的人——

每天早晨上班前對你的家人微笑，他們就會在幸福中盼著你的歸來；上班時向大樓管理員微笑著點個頭，他會友善地還你一個欣賞和尊敬的微笑。

每天遇到同事主動微笑，打個招呼，你也會人氣急升。

開車並行時，搖下車窗，向側後面司機點個頭，微笑一下，還有人會不讓你嗎？

餐廳裡吃飯時，服務人員倒完茶後，微笑著對她說聲：「謝謝你，茶倒得真好。」儘管那是她應該做的工作，可是，她會覺得你的微笑和問候是額外的獎賞。

當你每一次奉獻出微笑的時候，你就在人類幸福的總量中增加了一分砝碼；而這微笑的光芒也會回照到你的臉上，給你帶來方便、快樂和美好的回憶，何樂而不為呢？

幸福從小處感受

一九六四年諾貝爾和平獎得主、美國黑人社會活動家馬丁・路德・金恩（一九二九—一九六八）生於喬治亞州亞特蘭大的黑人牧師家庭。當時在美國特別是南部，黑人仍備受歧視。在父親的薰陶下，馬丁從小就堅信「人人生而平等」的箴言。上大學後馬丁漸漸產生當教師的想法，他先後在羅爾琪神學院和波士頓大學攻讀神學，在這裡他接受了甘地非暴力主義影響，投入了以非暴力方式謀求種族平等的運動。

不管生存、生活環境如何，馬丁・路德・金恩從沒有失去夢想，始終讓自己的心體會著生活中隨處所見的幸福。

偉人之所以能得到萬世傳誦，正因為他們能夠在最激烈的環境中擁有最讓人敬佩的精神！馬丁・路德・金恩的觀點應該讓我們永記！

爸爸問女兒：「你幸福嗎？」女兒答：「幸福。」

爸爸讓女兒試著舉例。女兒說：「比如現在呀。」

當時晚飯後，他陪女兒一起登上樓頂，仰觀天上的星星。這只是一件平常的小事，我們差不多每個人小時候都有類似的經歷，都有這樣的無數幸福時刻。爸爸讓女兒再舉例，女兒說比如媽媽愛用茶葉水洗枕頭，每每睡覺時都有淡淡的茶葉香味。還有媽媽在剛刷完油漆的屋子裡放些鳳梨，風兒一吹整個屋子就充滿了芳香的鳳梨味了。

這些本是生活中極其平常的小事，誰也無心去在意這些，我們卻難得有這樣的幸福體味，只能到遙遠的童年去尋找這樣的感動。

這段故事是在收音機中聽到的，聽完之後，我不禁萌生了一種感動。生活中原來時時刻刻充滿了幸福，這幸福來自於生活的細枝末節，只有用心去品味，幸福同樣有色香味，同樣可觀可聞可吃可品。

朋友跟我講過這樣一個故事：一個欲離婚的女子厭煩了現有的瑣屑生活，但她一直對其外祖母的幸福和諧生活充滿好奇。有一天她終於忍不住打開了外祖母的日記，原來裡面記錄著外公為她洗了多少衣服，吻過她多少次，吹乾過多少次頭……相信任何人讀到此處都會吃驚，原來生活中的瑣屑小事竟是幸福的源泉！

生活是由一件件的瑣碎之事連綴而成的，這根線的點點滴滴都融匯著幸福的鈕釦。細品著細瑣的每一點每一滴，你會覺得生活更加豐富多彩。

品味生活要多想些美好之處。因為生活畢竟不是只有鮮花，時時充滿陽光。我們要想成功地走出鬱悶和哀愁，就要多思考生活中美好的一面，從中品味幸福。比如下班，妻子做好了可口的飯菜，這就是一種幸福，不要因為她時常埋怨而自悔自惱，也不要因為她的心胸褊狹而自怨自艾。再如，生病了，同事都拿著禮物來看望你，應該感到他們對你的關心，而不能過多考慮他們是否懷有其他目的。

一滴水珠可以照見太陽的光輝。品味生活的幸福是從小處著眼，不要因為事情小而忽略了別人對你的關愛。你上班遲到了，同事幫你打掃了地板，擦乾淨了桌子；下雨了，有人將傘伸到你頭頂與你共用；當你向朋友借錢，哪怕發生屠格涅夫《兄弟》中的「我」遇上乞丐的情景也無所謂。所有這些都是生活的一部分，都值得我們深深地懷戀，讓我們感動。

收穫與付出往往成正比。我們在品味別人給我們帶來的便利時也要想到給予。其實，給予別人快樂也是一種幸福。給予幸福，你就會收穫幸福，因為你為自己創造了幸福。

生活是被幸福包裹著的，只要我們用心去品味，就會時時感受到幸福時光。

造福人類的發明來自善良的心

一九〇五年諾貝爾文學獎得主、波蘭批判現實主義作家亨利克．顯克微支（一八四六——一九一六）

維奇本著對生活深刻的理解，對青年人的教誨是：關心的表現，像其他人際關係的原則一樣，必須出於真誠。不僅付出關心的人應該這樣，接受關心的人也理當如此。這是條雙向道——兩者皆受其益。

的確，善意的力量是無窮的，它帶人進入崇高的境界，所以，不如「秀」出你的善良來！

有位在日本稅務機構服務的小林先生，為人忠厚、質樸。有一天，他去紫菜店收稅，主人不在，大概是到江灣去採紫菜了。他沿著堤岸走到江灣，果然，他瞧見木村一家人在忙著。年老的木村夫婦赤足泡在冬天的海水裡，三個念小學的孩子，還有念中學的木村長女也都捲起衣袖，不惜裸露兩隻嫩白的手臂在海水裡幫助採摘紫菜。

「多冷的天氣啊。」心地善良的小林不禁想，「不管怎樣美麗的手，那樣泡在冰冷的海水裡，不粗糙才怪！市面上有長筒膠鞋，但為什麼沒有長筒膠手套呢？——對了，難道不能製造防水手套嗎？」

他開始閱讀有關書籍。正好他有個朋友在附近三興化學公司服務，於是他到工廠去參觀，吸收工藝知識。後來經過刻苦努力，經過反覆更改，小林終於製出了膠皮手套的樣品，並送給木村一家試用，徵求改進意見。後來，三興化學公司採用了小林出於善意的發明。那年底，他獲得了一筆巨額賞金。

愛迪生在發明電燈時的目的是要讓「家家戶戶都點上電燈」。所以，從一開始他對自己提出：發明的電燈必須簡便、通用、便宜、耐用、無臭、無煙、無毒。他用一千六百多種材料做試驗，發現白金燈絲效果較好；但是，他想黃金就夠貴了，白金更貴，普通老百姓是絕對用不起的，於是他放棄了白金燈絲，繼續尋找更合適的燈絲。

在我國歷史上，也有許多人從善良的意願出發，以為人類造福為出發點而獲得成才機遇的例子：北魏賈思勰寫《齊民要術》、明朝宋應星寫《天工開物》、李時珍寫《本草綱目》等。

請看下面的事例。

在一個多雨的午後，一位老婦人走進費城一家百貨公司，大多數的櫃檯人員都不理她，但有一位年輕人卻問她是否能為她做些什麼。當她回答說只是在等雨停時，這位年輕人並沒有推銷給她不需要的東西，也沒有轉身離去，反而是善良地拿給她一把椅子。

雨停之後，這位老婦人向這位年輕人說了聲「謝謝」，並向他要了一張名片，幾個月之後這家店主收到一封信，信中要求派這位年輕人前往蘇格蘭收取裝潢一整座城堡的訂單。這封信就是這位老婦人寫的，而她正是美國鋼鐵大王卡內基的母親。當這位年輕人打包準備去蘇格蘭時，他已升格為這家百貨公司的合夥人了。

這個年輕人的成功，就在於他比別人付出更多的善意。

善良是一劑良藥。從善意出發，你的表現將會更加精彩，生命將會更加有意義。

請看維生素C的發明經過。

C是發明者喬瑟夫．哥勒特．巴卡博士名字的第一個字母。哥勒特．巴卡出生並成長於紐約東區的猶太人街，他的家被不斷降臨的疾病與死亡的恐怖包圍著。他的父母開一家雜貨店，他們把一切希望寄託在聰明的長子——巴卡身上，期待他做個出人頭地的人。但是，這個十八歲的年輕人目睹周圍人們的痛苦，立志要當醫生，想盡力做點善事幫助他們。他說服了父親，考進了醫學院。在貝爾威醫學院，他十分用功，以優秀的成績通過所有科目，卻帶著迷惘畢業了。因為，他在學習中瞭解到，醫學上的未解之謎太多了。當個混飯吃的醫生，賺錢自然不是難事，而他下決心要不斷地研究那些尚無法救治的疾病的原因，發現新的治療

方法，以便救治那些為疾病所折磨的人們。

他進入美國公眾衛生局，三十年來安於每年一千六百美元的微薄薪俸，全身心地投入了對「謎」一般的各種疾病的研究：黃熱病、猩紅熱、傷寒、白喉以及義大利痲瘋病等。尤其是義大利痲瘋病，病因及治療方法的發現完全是他的功績。為了救治病人，他甚至用自己的身體做試驗，為此他感染了熱病，有兩次幾乎喪命。當紐約市新建保健所時，四十歲的喬瑟夫被推薦為所長的第一人選。如果他答應了，那麼貧困的生活便可結束，可是他毫不猶豫地拒絕了，他絕不改變初衷：幫助染病的普通人。於是他到義大利痲瘋病流行的南部地區去了。喬瑟夫就憑著這種精神，發現了義大利痲瘋病的病因和治療方法，同時發現了維生素C。他的苦鬥精神來自幼年時居住在猶太街所獲得的體驗。在他看來，用一顆善良的心幫助人類免除疾病的痛苦，是比金錢更高貴的事業！

這是美好的世界，值得我們愛

一九八八年諾貝爾物理學獎得主、德裔美國物理學家傑克．史坦伯格（一九二一－）是一個謙虛的人，在談到自己的成就時，他提到：「從同學身上學到的和從教授那兒學到的一樣多。芝加哥大學是一個絕佳的學習環境，無論是在教授和學生之間，還是在學生和學生之間。我尤其感謝恩里科．費米、愛德華．泰勒和格里高．溫澤爾。費米講課言簡意賅，在正規的上課時間之外，還在晚上安排議題廣泛的系列討論會，在這些討論會上教給我們解決問題的方法，以便使我們儘快成長為優秀的物理學家。我的同學中有楊振寧、李政道、戈德伯格、羅森布魯斯、加文、錢伯倫、沃爾芬斯坦和喬。這是一次了不起的合作，我覺得我從這些同學身上學到的和我從教授那兒學到的一樣多。」

在自己如此偉大的成就面前，傑克．史坦伯格始終保持著那份感恩的心。來看看現在的我們吧。

現代人總習慣於說自己要跟著感覺走，但是，到了真正愛的問題上，需要該跟著感覺走的時候，卻停下了腳步。

是的，表面上看，愛是世界上最複雜的事情。這從古今中外有無數的人都圍繞愛去做文章就可以清楚地看出來。如果愛不複雜，會有那麼多的人去寫得死去活來嗎？

其實，如果我們將那些讓無數的人為之流淚、為之悲傷的愛的外表剝去，你就會發現，愛原本是一件非常簡單的事情，硬是被愛的主角們搞複雜了。

比如說，我們要愛某一個人，愛某一個東西，常常要找出愛的理由來。一旦找不出理由，就覺得我們不應該去愛，但感情卻不是說不愛就不愛的，於是我們就痛苦，就悲傷，就流淚，就怨天尤人。

其實，難道愛不是理由嗎？換句話說，愛，難道還需要理由嗎？愛，不是最大的理由嗎？就像那首歌裡所唱到的，愛不需要任何理由！

本來的確應該如此，但我們都不，都要將原本不需要理由的東西弄到一定要有一個理由。而如果找不到那個所謂的理由，我們就要放棄那讓我們刻骨銘心的愛！

這，能不痛苦嗎？

當然，如此評說這個讓千千萬萬的人魂牽夢縈的字眼的確讓人一下子無法接受。難道愛就如此的簡單？難道不是嗎？天下本無事，庸人自擾之。我們每個人在出生的那一天都得到了一份上帝送給我們的最好的禮物，那就是世界。那麼，我們也應給這個世界一份禮物，那就是我們對這個世界的愛，對這個世界上所有人和物的愛。

想一想，我們的父母把我們每個人帶到這個世界上，的確是一種奇蹟。

我們和給了我們生命的父母能在一起生活，是一種緣分，也是一種幸福。

我們和我們周圍的人，不管是你的鄰居、你的同事、你的朋友，甚至你的敵人，能一起生活在這個星球上，而且還處於同一個時代，的確也是一種緣分，一種幸福。

我們和路旁的小樹、小草，花園裡盛開的花朵，樹蔭裡快樂地鳴叫著的小鳥，樹林裡快活地跳躍的小鹿，能一起生活在同一片藍天下，也是一種緣分，一種幸福。

俗話說，「十年修得同船渡」。那麼，我們和我們的父母、我們周圍的人、花朵、小鳥、小草、小樹、小鹿，一起生活在這個世界上，不知修了多少年？

再想一想，我們在這個世界上，只能生活短短的幾十年，的確是太短太短的一個瞬間。

我們出生的時候，父母親盼望著我們長大，因為他們把我們帶到這個世界上，就是為了讓我們長大成人；而當我們真的長大成人的時候，父母親又怕我們長大，因為當我們長大的時候，他們就老了。當我們剛剛懂事的時候，我們盼望著長大，因為長大了，我們就可以掙脫父母親用愛織成的那一張網；而當我們到了可以掙脫那張網的時候，卻又多麼希望那張網永遠永遠地罩著我們。

所以，我們沒有理由不愛一切。

我們的確沒有理由不愛我們的這個世界，哪怕這個世界仍然有種種的讓你我不滿意的地方。只因為它是我們的世界。

我們的確沒有理由不愛我們的父母，哪怕我們的父母只是普通得再也不能普通的人，哪怕他們沒有留給我們萬貫家產，哪怕他們並沒有給我們高貴的血統。我們愛他們，只因為他們是我們的父母。

我們的確沒有理由不愛我們周圍的人，鄰居、同事、朋友。儘管為了某事，你和鄰居吵過架；儘管為了某事，你和同事有過不快；儘管為了某事，你和朋友紅過臉；儘管為了某事……

這些並不妨礙我們愛他們，只因為我們生活在同一個地球上，生活在同一片藍天下。

如果我們不再一定要找出愛的理由來，而將愛本身就作為一種最恰當不過的理由，我們就不會再為自己找不到那些不應該尋找的愛的理由而生出無窮的煩惱了，也不會再讓我們與我們一生也難以遇到的人天各一方，以至於抱憾終生！

是的，世上沒有無緣無故的恨，也沒有無緣無故的愛。但我們一起生活在這個美麗的星球上，這個理由還不充分嗎？所以，愛我們這個世界吧，既然人生如此短暫；愛我們的父母吧，既然是他們給了我們生命；愛我們的鄰居、同事、朋友吧，既然我們是鄰居，是同事、朋友；愛我們身邊的小鳥、小鹿、小草、小樹，還有美麗的花朵吧，因為它們和我們一起點綴著這個世界！

所以，請你熱情地相信「這的確是一個美好的世界」，那麼它就真的會變成一個極其美好的世界。

無論怎麼說，愛畢竟是我們這個世界裡最值得去撒播的種子。大部分人臨終的時候都希望有這樣的感覺：我們生活得很好，並且在我們將要離開這個世界的時候，能夠感到這世界曾經因為我們的到來而變得更加美麗，更加美好。

所以，每一個人都應該向自己的四周散播自己的愛心。這就像玩彈力球一樣，你將它們拋出去，它們又會再彈回來。對我們來說，這只是小事一樁，但是我們的世界卻因此收到了一份珍貴的禮物，我們的生命也就因此而變得非同尋常。

是的，無論你願不願意，你都得在這個星球上生活下去。在我們這個世界上，有明媚的陽光，有盛開的鮮花，有綠草如茵的山坡，有那麼多可愛的小動物；當然，還有我們這些人類。誠然，在我們這個世界上，也有戰爭，有核武器，有犯罪，有失業，有環境污染，等等。這些都是我們每個人必須面對也不得不面對的問題。

但無論怎麼說，這是一個美好世界。從一定意義上說，愛這個世界，你別無選擇！

生命對於我們來說是非常寶貴的。如果我們的壽命是七十歲的話，我們能在這個星球上看到兩萬五千多次日出。我們確實沒有那麼多的時間浪費在煩惱、自我輕視、憂鬱沮喪以及絕望之中。人生真是非常短暫，短到我們不能將它浪費在悲嘆呻吟之中。因而，我們就沒有理由再去懷疑這個世界是否美好，我們沒有懷疑的時間。

只要你付出一份愛心，那麼這個世界就是最美麗的世界。

尊重自己從尊重他人開始

一九八〇年諾貝爾生理學或醫學獎得主，法國免疫學家、醫學家讓．多塞（一九一六—二〇〇九）在〈致中國的青少年和他們的父母〉一文中說道：

我向青少年和青少年的父母們建議：

第一，請尊重他人，每個人都與眾不同；他和你一樣，也是這個世界上獨一無二的人。

第二，請尊重他人，每個人都有選擇的自由；唯有讓其自立，才能使其自尊。

第三，不要給他人造成痛苦，不論傷及的是肉體還是精神；在你傷害他人時，也將給自身造成傷痛。

藉由讓．多塞的建議，我們應該深刻地領悟到用廣闊的心靈去包容別人的舉止，用善良的心靈去感悟別人的行為，用寬容的胸襟去善待別人的言行，這樣在尊重他人的時候，我們是不是也獲得了生命之中最美好的東西呢？

一個人要成為好人，首先要學會尊重別人，包括朋友、學生、陌生人……也許這是一個簡單淺顯的道理，但是一個看似簡單的道理，也需要用心去好好感受。正是因為我們經常會覺得有些道理非常簡單而往往會忽視它，不去用心感受它，所以經常會傷害到別人，甚至會傷害到自己。

在一本雜誌上，有這樣一個故事：

故事的作者曾經到鄉下的母校去聽課。在中午吃飯的時候，他發現其中有一位老教師在喝完稀飯後，伸長了舌頭，低下頭，捧著碗「滋滋」有聲地把碗底的殘留稀飯舔得乾乾淨淨。如今的生活已經不再是缺乏物資餓肚子的時代了，竟然還會有這樣的老師。看到他這個樣子，大家都禁不住笑了出來。

那位老教師聽到笑聲，現出驚異的目光，且不由得紅了臉，極為羞愧地走出了吃飯的地方。一個下午，作者沒有看見老教師的身影。

臨走的時候，作者終於看到了這位老教師的身影。他連忙走過去對老教師說了一些比較委婉的道歉話。老教師抬起頭說：「這是我保持了幾十年的習慣了。過去家裡窮，吃不飽，經常要求家裡的三個孩子這樣做，我自己久而久之形成了習慣，到現在還是改不掉，見笑了。」

聽了老教師的話，作者深深地為中午的笑感到慚愧。面對別人的習慣，如果我們沒有真正的領會，只是淺薄地嘲笑，這說明我們對生活的理解是多麼的淺薄和無知。在我們笑出聲的時候，誰又會知道對方的這個習慣是多麼的令人尊敬呀！

在生活中，最珍貴的禮物是尊重和理解。當一個人收到這個禮物時，就會感到幸福，他的自豪感就會得到增進；而饋贈這個禮物的人，也會感到同樣的幸福和充實，因為他在尊重和理解他人的同時，自己的精神境界會變得更為崇高，他的人格會變得更為健全。

因此，可以說內在的真善美是有待於你去發掘的寶藏。老教師在艱苦的年代裡形成了這樣的一個生活習慣，在現代人眼裡是不可理解的，甚至是荒唐的；然而只要我們能夠走進他的內心深處，我們就深深地被他的那種和艱苦、貧窮不懈抗爭的勇氣所折服。他的人格魅力因為這一個讓很多人難以理解的動作而得到昇華。

在現在這個日新月異的時代，社會發展的車輪滾滾向前；但是所有的樸實的人生道理就像浩瀚黃沙中的金子，它不會因為黃沙的存在而消失：黃金永遠是黃金。

在很多人的生活習慣中，我們都可以看到蘊涵在這些習慣中的每一個人的個性。當然，有一些不好的習慣，我們不會學習和效仿，但是我們沒有理由去嘲弄和取笑。尊重別人就是尊重自己，而幫助別人也就是幫助自己。在這個廣闊的世界上有足夠的地方讓自己生活也讓別人生活，大家大可和平相處。

有位作家說，如果一個人種下遮蔭樹的同時，明確知道自己絕不會在這些樹下乘涼，那麼他在發現人生意義方面就至少有了一個開端。

在生活中，我們每一個人都會擁有自己的生活習慣和思維方式，當然我們無法保證所有的思維和習慣都是對的，但是當我們用諒解和尊重去面對別人的習慣時，不就是栽下了供人乘涼的大樹嗎？

對別人的生活習慣強加指責的人，就像肩負沉重的包袱，這只能使他變得蒼老，步態蹣跚。我們用廣闊的心靈去包容別人的舉止，用善良的心靈去感悟別人的行為，用寬容的胸襟去善待別人的言行，這樣在尊重他人的時候，我們是不是也獲得了一些生命之中最美好的事物呢？

世界菁英

01	拿破崙全傳：世界在我的馬背上	艾米爾路德維希	定價：320元
02	曼德拉傳：風雨中的自由鬥士	謝東	定價：350元
03	朴槿惠傳：只要不絕望，就會有希望　吳碩	定價：350元	
04	柴契爾夫人傳：英國政壇鐵娘子	穆青	定價：350元
05	梅克爾傳：德國第一位女總理	王強	定價：350元
06	普京傳：還你一個奇蹟般的俄羅斯	謝東	定價：420元
07	制霸：李嘉誠和他的年代	艾伯特	定價：320元

職場生活

01	公司就是我的家	王寶瑩	定價：240元
02	改變一生的156個小習慣	憨氏	定價：230元
03	職場新人教戰手冊	魏一龍	定價：240元
04	面試聖經	RockForward	定價：350元
05	世界頂級CEO的商道智慧	葉光森劉紅強	定價：280元
06	在公司這些事，沒有人會教你	魏成晉	定價：230元
07	上學時不知，畢業後要懂	賈宇	定價：260元
08	在公司這樣做討人喜歡	大川修一	定價：250元
09	一流人絕不做二流事	陳宏威	定價：260元
10	聰明女孩的職場聖經	李娜	定價：220元
11	像貓一樣生活，像狗一樣工作	任悅	定價：320元
12	小業務創大財富—直銷致富	鄭鴻	定價：240元
13	跑業務的第一本SalesKey	趙建國	定價：240元
14	直銷寓言--激勵自己再次奮發的寓言故事	鄭鴻	定價：240元
15	日本經營之神松下幸之助的經營智慧	大川修一	定價：220元
16	世界推銷大師實戰實錄	大川修一	定價：240元
17	上班那檔事--職場中的讀心術	劉鵬飛	定價：280元
18	一切成功始於銷售	鄭鴻	定價：240元
19	職來職往--如何找份好工作	耿文國	定價：250元
20	世界上最偉大的推銷員	曼尼斯	定價：240元
21	畢業5年決定你一生的成敗	賈司丁	定價：260元
22	我富有，因為我這麼做	張俊杰	定價：260元

23	搞定自己搞定別人	張家名	定價：260元
24	銷售攻心術	王擁軍	定價：220元
25	給大學生的10項建議： 祖克柏創業心得分享	張樂	定價：300元
26	給菁英的24堂心理課	李娜	定價：280元
27	20幾歲定好位；30幾歲有地位	姜文波	定價：280元
28	不怕被拒絕：銷售新人成長雞湯	鄭鴻	定價：280元
29	我富有，因為我這麼做－II	張俊杰	定價：240元
30	除了自己，沒人能宣告你的失敗	秦漢唐	定價：280元

身心靈成長

01	心靈導師帶來的36堂靈性覺醒課	姜波	定價：300元
02	內向革命-心靈導師A.H.阿瑪斯的心靈語錄	姜波	定價：280元
03	生死講座——與智者一起聊生死	姜波	定價：280元
04	圓滿人生不等待	姜波	定價：240元
05	看得開放得下——本煥長老最後的啟示	淨因	定價：300元
06	安頓身心--喚醒內心最美好的感覺	麥克羅	定價：280元
07	捨不得 捨得是一種用金錢買不到的獲得	檸檬公爵	定價：260元
08	放不開--你為什麼不想放過自己？	檸檬公爵	定價：260元
09	快樂悲傷選邊站	方向乾	定價：280元
09	夫妻禪話	果偉居士	定價：210元

典藏中國：

01	三國志--限量精裝版	秦漢唐	定價：199元
02	三十六計--限量精裝版	秦漢唐	定價：199元
03	資治通鑑的故事--限量精裝版	秦漢唐	定價：249元
04-1	史記的故事	秦漢唐	定價：250元
05	大話孫子兵法--中國第一智慧書	黃樸民	定價：249元
06	速讀二十四史--上下	汪高鑫李傳印	定價：720元
08	速讀資治通鑑	汪高鑫李傳印	定價：380元

09	速讀中國古代文學名著	汪龍麟主編	定價：450元
10	速讀世界文學名著	楊坤主編	定價：380元
11	易經的人生64個感悟	魯衛賓	定價：280元
12	心經心得	曾琦雲	定價：280元
13	淺讀《金剛經》	夏春芬	定價：210元
14	讀《三國演義》悟人生大智慧	王峰	定價：240元
15	生命的箴言《菜根譚》	秦漢唐	定價：168元
16	讀孔孟老莊悟人生智慧	張永生	定價：220元
17	厚黑學全集【壹】絕處逢生	李宗吾	定價：300元
18	厚黑學全集【貳】舌燦蓮花	李宗吾	定價：300元
19	論語的人生64個感悟	馮麗莎	定價：280元
20	老子的人生64個感悟	馮麗莎	定價：280元
21	讀墨學法家悟人生智慧	張永生	定價：220元
22	左傳的故事	秦漢唐	定價：240元
23	歷代經典絕句三百首	張曉清張笑吟	定價：260元
24	商用生活版《現代36計》	耿文國	定價：240元
25	禪話•禪音•禪心禪宗經典智慧故事全集	李偉楠	定價：280元
26	老子看破沒有說破的智慧	麥迪	定價：320元
27	莊子看破沒有說破的智慧	吳金衛	定價：320元
28	菜根譚看破沒有說破的智慧	吳金衛	定價：320元
29	孫子看破沒有說破的智慧	吳金衛	定價：320元
30	小沙彌說解《心經》	禾慧居士	定價：250元
31	每天讀點《道德經》	王福振	定價：320元
32	推背圖和燒餅歌裡的歷史	邢群麟	定價：360元
33	易經：現代生活的智慧	孫三寶	定價：280元
34	《傳習錄》白話本	姜波	定價：330元
35	《史記》故事導讀	姜波	定價：340元
36	《資治通鑑》故事導讀	姜波	定價：300元
37	厚黑學全集【參】厚黑心術	李宗吾	定價：300元
38	《碧巖錄》中的100大智慧	于水音	定價：280元
39	入骨相思知不知—醉倒在中國古代情詩裡	維小詞	定價：300元

40	厚黑學全集【肆】厚黑之道	李宗吾	定價：300元
41	一本書讀懂戰國史	秦漢唐	定價：420元
42	厚黑學全集【伍】厚黑妙法	李宗吾	定價：300元

經典中的感悟

01	莊子的人生64個感悟	秦漢唐	定價：280元
02	孫子的人生64個感悟	秦漢唐	定價：280元
03	三國演義的人生64個感悟	秦漢唐	定價：280元
04	菜根譚的人生88個感悟	秦漢唐	定價：280元
05	心經的人生88個感悟	秦漢唐	定價：280元
06	易經的人生64個感悟	秦漢唐	定價：300元
07	道德經的人生64個感悟	秦漢唐	定價：300元
08	論語的人生64個感悟	秦漢唐	定價：300元

張樹驊主編沈兵稚副主編

01	《老子》《莊子》智慧名言故事	林忠軍	定價：240元
02	《孫子兵法》智慧名言故事	張頌之	定價：240元
03	《詩經》智慧名言故事	楊曉偉	定價：240元
04	《周易》智慧名言故事	李秋麗	定價：240元
05	《論語》智慧名言故事	王佃利	定價：240元
06	《孟子》智慧名言故事	王其俊	定價：240元
07	《韓非子》智慧名言故事	張富祥	定價：240元
08	《禮記》智慧名言故事	姜林祥	定價：240元
09	《國語》智慧名言故事	牟宗豔	定價：240元
10	《尚書》智慧名言故事	張富祥	定價：240元

商海巨擘

01	台灣首富郭台銘生意經	穆志濱	定價：280元
02	投資大師巴菲特生意經	王寶瑩	定價：280元
03	企業教父柳傳志生意經	王福振	定價：280元
04	華人首富李嘉誠生意經	禾　田	定價：280元
05	贏在中國李開復生意經	喬政輝	定價：280元
06	阿里巴巴馬　雲生意經	林雪花	定價：280元
07	海爾巨人張瑞敏生意經	田　文	定價：280元
08	中國地產大鱷潘石屹生意經	王寶瑩	定價：280元

57	最神奇的經濟學定律	黃曉林黃夢溪	定價：280元
58	最神奇的心理學定律	黃 薇	定價：320元
60	魅力經濟學	強宏	定價：300元

國家圖書館出版品預行編目資料

除了自己，沒人能宣告你的失敗 / 秦漢唐 著

一 版.-- 臺北市 :廣達文化, 2016.02

; 公分. -- （文經閣）（職場生活：30）

ISBN 978-957-713-577-3 (平裝)

1.成功法 2.生活指導

177.2 105000766

除了自己，沒人能宣告你的失敗

榮譽出版：文經閣

叢書別：職場生活 30

作者： 秦漢唐 編著
出版者：廣達文化事業有限公司
Quanta Association Cultural Enterprises Co. Ltd
發行所：臺北市信義區中坡南路 287 號 4 樓
電話：27283588　傳真：27264126　　E-mail：*siraviko@seed.net.tw*

印　刷：卡樂印刷排版公司　　裝　訂：秉成裝訂有限公司

代理行銷：創智文化有限公司
23674 新北市土城區忠承路 89 號 6 樓　電話：02-2268-3489　傳真：02-2269-6560

CVS 代理：美璟文化有限公司
電話：02-27239968　傳真：27239668

一版一刷：2016 年 2 月

定　價：280 元

書山有路勤為徑

學海無崖苦作舟

文經閣

書山有路勤為徑

學海無崖苦作舟

文經閣